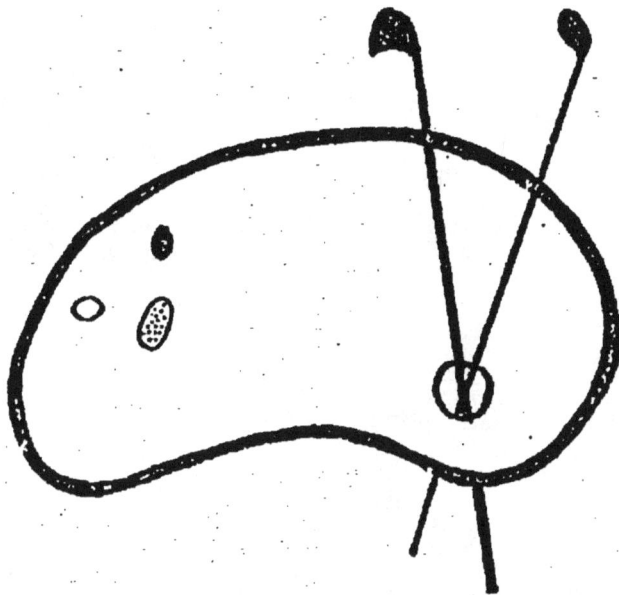

DEBUT D'UNE SERIE DE DOCUMENTS
EN COULEUR

DANS L'AUTRE MONDE

RECUEIL DE COMMUNICATIONS DE L'AU-DELA
REÇUES ET PUBLIÉES PAR LE MÉDIUM DOUAISIEN

A. MOREL

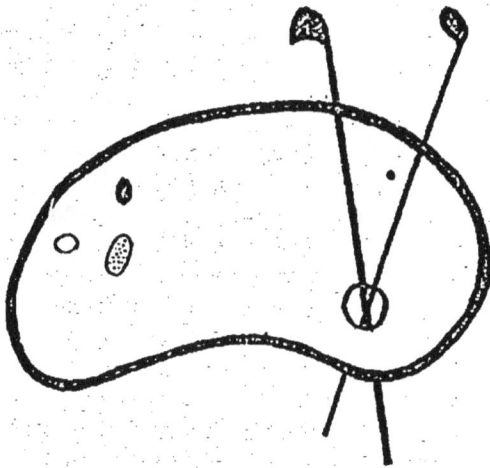

FIN D'UNE SERIE DE DOCUMENTS
EN COULEUR

DANS L'AUTRE MONDE...?

Ce que l'on sait

Ce que l'on voit

Comment on vit

Messages de l'Au-Delà

DANS L'AUTRE MONDE...?

Ce que l'on sait

Ce que l'on voit

Comment on vit

RECUEIL

DE

Communications dictées par les Esprits-Auteurs

DU

Livre " LA SURVIE "

ET PAR

l'Esprit Guérisseur MEUDON

Publié par le jeune médium Douaisien

A. MOREL

Comment et pourquoi je devins Spirite

Avertissement du Médium

Ignorez-vous, cher lecteur, ce que peut être le médium dans les expériences spirites ? En voici deux définitions bien distinctes. Interrogez un sceptique; il vous sera répondu : « Le médium spirite est tout simplement celui qui, dans les dites expérimentations, tient les clefs du royaume de l'Au-delà... pardon... du royaume des fous, comme St-Pierre, assure-t-on, possède celles des Cieux. » Posez la même question au spirite croyant : « Les médiums, vous dira-t-il, sont ces êtres qui ont en eux une puissance fluidique particulière et plus propice aux opérations des Esprits. Tous, nous le sommes, mais à différents degrés; tous nous pouvons devenir les intermédiaires du monde invisible, mais d'une plus ou moins parfaite façon. En résumé, il en est des médiumnités comme du caractère: jamais on n'en rencontre d'absolument identiques. »

Voici ce que je devins le jour où, ayant été intéressés par la conversation d'un de nos amis, mes parents et moi nous rendîmes à son invitation pour assister à une séance de phéno-mènes. En réalité, comment ne pas être charmés par cette perspective d'avoir peut-être encore quelques mots des disparus aimés quand, de quelques mois à peine, nous avions perdu mon grand-père maternel.

Ce n'est cependant pas sans maintes réflexions, émotions et appréhensions que nous allâmes à ce rendez-vous où nous attendaient déjà cet ami et une demoiselle, médium accompli. Sur l'invitation de notre initiateur, je posais la main sur une planchette de forme rectangulaire, pourvue d'un crayon à l'une de ses extrémités et, à l'autre, de deux fortes vis. Quel-ques minutes s'écoulèrent puis, quelques signes, un nom, enfin un prénom se trouvèrent inscrits sur le papier où glissait doucement ma planchette.

Un instant après, placée à une autre table, c'est-à-dire n'ayant pu rien déchiffrer de ce qui s'était tracé involontai-rement de ma part et sous ma main, cette demoiselle inscrivit les mêmes noms, qui étaient ceux de notre défunt, et nous obtinmes à leur suite une communication dont, certes, aucun trait ne pouvait être connu du médium. La séance terminée, nous revinmes heureux du résultat et non sans avoir reçu de notre ami, la prédiction que l'effet déjà obtenu par moi prévenait une puissante médiumnité : prédiction qui, d'ailleurs, se réalisa.

Dès ce jour, je reçus de l'au-delà des choses d'autant plus extraordinaires que je n'avais alors que quinze ans. Ce furent d'abord les preuves familières que tout Esprit se fait un devoir d'apporter à ceux qu'il a connus et qui ne s'intéressent au monde invisible que depuis peu de temps : des questions intimes et familiales que j'ignorais complètement furent conseillées et résolues à plusieurs de mes parents et amis. Des objets cachés à dessein furent découverts par mes Esprits familiers qui vinrent me faire écrire la place affective de chacun d'eux. Néanmoins, ce n'était encore là qu'un début et je suis heureux aujourd'hui de n'avoir pas laissé détruire, par les diverses opinions sceptiques, les convictions que déjà je m'étais faites et d'avoir toujours écouté cette voix que j'entendais en moi-même, cette voix qui fait pressentir à l'homme la route qu'il doit suivre dans la vie.

Mais n'anticipons pas, cher lecteur, et voici qui je suis. Né le 30 Mai 1891, j'ai actuellement l'âge où l'on aime à jouir de sa jeunesse. D'abord élève de l'école annexe de Douai, puis du Lycée de la même ville pendant deux ans et demi, j'atteignis mes quatorze ans. Six mois après ma sortie de cet établissement, je perdis mon grand-père, et six mois encore après cette peine de famille, je devins médium en assistant à cette soirée dont je vous entretenais tantôt.

A partir de cette époque, les phénomènes s'affirmèrent de plus en plus et, au cours d'une séance ultérieure (j'avais près de seize ans), mes familiers me vinrent révéler que dans un but (ignoré par nous), un esprit élevé qui possédait avec moi des liens familiaux de jadis et qui, actuellement, était mon guide personnel, allait se manifester en cette soirée. Et véritablement, un Esprit dont la supériorité se remarquait par la douce conduite de ma main, écrivit dans un style touchant et nous prévint qu'il se *nommerait* Meudon. Dès sa seconde visite, il m'annonçait que par lui j'avais le don, la médiumnité guérissante, qui me permettait désormais de soulager mes semblables en imposant les mains sur le siège de leur douleur.

Dès lors, sous son inspiration, je traçais les descriptions des maladies, quoique je n'eus jamais ouvert un seul livre de médecine. Je comprenais la souffrance et je me sentais poussé à la guérir; je ne pouvais résister à cet entraînement et, positivement, je guéris.

Mes premières cures se réalisèrent sur plusieurs membres de ma famille et de mon entourage; puis la nouvelle se répandant, on me fit demander de tous côtés.

Une de nos voisines me pria, un jour, de passer chez une de ses parentes à Waziers. J'y allai et je communiquai avec mon guide. Sa réponse fut catégorique: la maladie (un fléau qui pardonne rarement) était parvenue à son dernier degré; la mort était proche. Malgré cela, je la soignai pour ne pas l'attrister, me promettant bien toutefois de n'y pas retourner. Cependant, peu de jours après, je recevais une nouvelle visite de notre voisine: « Allez-y, me dit-elle, elle a ressenti un grand soulagement et ce serait lui faire beaucoup de peine que de ne pas renouveler vos soins! »

Que faire et comment refuser? J'avais présentes à la mémoire ces paroles que m'avait récemment dictées mon guide: « *Console et soulage tout ce qui t'est possible; prends pitié de toutes les douleurs; aie la foi et ne doute jamais de cette protection que toujours tu attireras en faisant le bien ; dévoue-toi avec courage!...*»

Je me rendis de nouveau à Waziers; il n'était pas difficile de prévoir une fin fatale, mais néanmoins j'arrivai à calmer encore le mal. Je revois ces yeux agrandis par la souffrance, ce regard qui, fixé sur moi, semblait me dire: « *Tu me soulages; tu es le dernier appui auquel je puis me soutenir au-dessus du gouffre de la mort. Reviens surtout!* »

Après m'être inspiré, je fis comprendre à la patiente que, pour diverses raisons, mieux valait remettre notre rencontre à huitaine. Avait-elle compris? Elle me dit au revoir, mais ses yeux, cette fois, me disaient « Adieu ».

Sept jours s'écoulèrent et la nouvelle de sa mort me parvint. Le lendemain, j'appris qu'une descente de parquet avait eu lieu et que l'on avait pratiqué l'autopsie. Huit jours passèrent encore et je fus appelé et interrogé sous l'inculpation de *meurtre!* Oui, à seize ans, ami lecteur, j'étais accusé d'homicide pour avoir enlevé un peu des souffrances de la phtisie à une malheureuse femme qui me réclamait dans son dernier espoir de vie !

Cependant, le rapport du médecin légiste affirma qu'il n'y avait que mort toute naturelle et qu'il ne restait plus à la malheureuse *un seul gramme de poumon*. En conséquence, la précédente accusation fut annulée par cette conclusion et l'on me poursuivit alors pour exercice illégal de la médecine !

Je comparus d'abord devant le Tribunal correctionnel de Douai qui, après trois audiences, me condamna à 50 francs d'amende sans sursis. Quoique je sois averti d'espoir par mes communications, je me sentais parfois faiblir. Ma volonté ne résistait pas à l'impression du moment et je répondais comme dans un rêve, devant les juges et sous le regard d'un public nombreux, aux charges qui m'étaient portées.

A la première audience du susdit Tribunal, défilèrent quelques témoins qui rappelèrent les guérisons que je leur avais apportées. Je leur garde à tous une profonde reconnaissance car ils ont été et sont encore une preuve irréfutable et vivante des bienfaits que peut procurer l'au-delà.

J'étais condamné. Cela se pouvait-il ? Je ne voulais le croire et je rappelai du jugement. La Cour d'Appel de Douai, ayant à statuer sur mon cas, m'acquitta à sa deuxième audience.

Ce fut ensuite au tour du ministère public de rappeler à la Cour de Cassation qui maintint le jugement de la Cour d'Appel. Je remercie du plus profond de mon âme, les juges qui surent apprécier que mes cures ne pouvaient porter aucun préjudice aux malades puisqu'elles ne se réalisent que sous l'influence d'une force pure et supérieure à l'homme.

De tout cela, une seule conclusion reste à tirer : je guéris ! Quantité de personnes, jadis malades, peuvent attester avoir été soulagées par moi. Malgré cela, je n'ai jamais fait aucun tort aux médecins, car je n'ai guéri que les personnes pour qui ils ont avoué ne plus trouver aucun remède. « J'ai tout fait », me dirent ou me firent comprendre les malades venant à moi ; « je n'ai plus d'espoir qu'en vous, mais cet espoir est grand ! » Quel est l'homme de pitié qui, vraiment, saurait refuser une guérison, pour lui si facile à réaliser, à l'un de ses semblables qui, peut-être, devrait souffrir encore pendant de longues années... si ce n'est toujours ? Certes, je guéris et c'est une nouvelle et non moins grande preuve de l'intervention du monde de l'au-delà dans le nôtre. Je suis égal à tout autre ; mon organisme est semblable à celui de tous ; je ne vois pas alors pourquoi, posant la main sur l'endroit de la douleur, *sans opérer aucune passe*, je guérirais ou calmerais immédiatement le mal plutôt que quiconque.

Certains ont attribué mon action à la suggestion magnétique. Quoique je n'eus pas étudié ce chapitre des sciences occultes, ma raison s'oppose (justement ou injustement) à croire qu'à l'âge de seize ans, on puisse influencer ses semblables plus âgés et, par conséquent, d'une volonté plus forte. D'autre part était-ce la suggestion verbale ou la suggestion mentale que l'on m'attribuait ? Jamais, je l'affirme, je n'ai prononcé de paroles d'un sens suggestif à ceux qui venaient vers moi. Quant à la suggestion mentale, elle me semble impossible pour moi, et mes contradicteurs ne sont pas sans savoir qu'elle est déjà une véritable difficulté pour un opérateur accompli sur un sujet bien développé.

Je pense, ami lecteur, vous avoir suffisamment, peut-être même trop longuement averti sur toutes les preuves et résultats qui m'ont amené à obtenir ces révélations que je vais livrer à vos réflexions. Cependant, je crois devoir encore ajouter ici que toutes ces communications émanent de la médiumnité inspirée qui, au moment des guérisons, a succédé en moi à la médiumnité mécanique. Je les traçais (1) toutes si vivement qu'il serait impossible à l'écrivain le plus érudit et le plus subtil de concevoir un sujet quelconque et de le retracer avec autant de sûreté, de promptitude et sans la moindre fatigue, comme il en est de moi. De plus, j'ai commencé à recevoir ces communications à l'âge de seize ans. Quel est l'homme qui, à cet âge, pourrait, avec une simple instruction primaire, développer des sujets aussi abstraits que le sont ceux contenus dans cet ouvrage.

Aussi, je souhaite que les œuvres de mes guides ne soient pas reçues comme le furent, par exemple, les révélations de Galilée sur le mouvement de la Terre. Mon espoir est grand, cher lecteur, que, comme le disent mes amis de l'Espace qui bientôt sans doute seront les vôtres, l'homme comprendra

(1) Je préviens le lecteur que les communications qui vont suivre ont toutes été obtenues sans le secours de la planchette, moyen qui n'est du reste employé que pour le développement des facultés médiumniques.

que rien n'est impossible. J'ai la conviction que votre volonté sera assez robuste pour résister aux préjugés de la foule. Peu importe d'atteindre le « royaume des fous » si l'on n'y rencontre que les hommes qui veulent aimer leur prochain, désirent le bonheur pour tous et restent froids aux attaques jalouses et insensées de leurs adversaires. Mes instructeurs d'outre-tombe vous diront tantôt que l'on renaît sur Terre pour expier le mal que l'on y a fait. Pourquoi, sachant cela, se laisserait-on entraîner dans la mauvaise voie ?

Croyez-moi, cher lecteur. Je dis franchement que mes guides et mes parents ont fait le bonheur de ma vie. Les épreuves, me direz-vous ?... Tout le monde souffre ici-bas et je préfère pâtir pour mes semblables, pour ceux qui se trouvent brisés par la douleur, que pour moi-même, pour des actes égoïstes ou méchants ! Si l'on veut absolument que ces paroles soient celles d'un « fou », soyez certain que cette folie m'est douce, car elle me fait entrevoir un bonheur que peu, sans doute, soupçonnent.

O ! croyez, soyez spirite et Dieu fasse qu'un jour les *sages* deviennent aussi raisonnables que les *fous!*

Albert MOREL.

Qu'il me soit permis en vous quittant de rendre un sincère et affectueux hommage à mes parents qui, au sortir de tant d'épreuves mais impuissants à la combattre, me laissèrent libre de poursuivre ma vocation !   A. M.

Septembre 1909.

MESSAGES ET APPORTS

DE NOS AMIS

de l'AU-DELA

AVIS

Avant de s'abandonner à l'étude de ces messages d'un autre monde, le lecteur devra se bien souvenir, se bien pénétrer de la gêne qu'éprouvent les illettrés d'ici bas qui, obligés d'avoir recours aux écrivains publics, ne peuvent, par exemple, que rarement traduire leurs pensées exactes, leurs émotions ou leurs joies à la personne à qui leur lettre est destinée.

Il en est de même pour la communication entre l'au-delà et les incarnés : les Esprits doivent avoir recours à un médium qui ne possède souvent qu'un langage restreint et des facultés intellectuelles plus ou moins développées.

Aussi le lecteur ne s'arrêtera-t-il pas au mode d'expression, mais au contraire il cherchera l'idée fondamentale, autrement dit, l'image de ce qu'ils décrivent.

Alb. MOREL.

Encouragement au Livre

Tout progresse dans la Nature Infinie. Ceci sera cela demain ; chaque chose s'améliore, évolue et monte indéfiniment vers la perfection. Rien ne résiste à la marche du temps : la merveilleuse découverte d'aujourd'hui, la révélation sublime de l'heure présente, seront complétées, rendues plus belles et plus importantes encore par ce nouveau fruit qu'un soleil d'éternelle vérité viendra dorer sur l'arbre toujours croissant du progrès...

Ces pensées me rappellent la retraite hivernale de ma vie écoulée, me font revoir mes derniers ans terriens... Je me retrouve au milieu d'amis croyants, dans l'attente de ces bons guides qui, assidus à nos séances, devinrent les auteurs de la « Survie ».... (1) Je me revois fortifiée par les révélations si consolantes de ces chers disparus ; parfois même, extasiée devant leurs traits, leur sourire immatériels et au toucher de leurs mains douces et chaudes (2)... Je me figure enfin entendre encore, dans le silence de la nuit, au milieu de mes rêves, des voix, un souffle, me répéter ces mots : « *Bonne maman* ».....

Comme je les aimais ces amis de l'au-delà qui m'aidaient dans la tâche et me comblaient de leur bienveillance ; comme je me sentais heureuse en me rappelant leurs pensées si profondes, et combien je fus fière de publier les œuvres qu'ils destinaient à l'évolution de l'humanité !

Aujourd'hui, le progrès fait ce qu'il fit toujours ! C'est à vous, cher médium, qu'il appartiendra de compléter mes premières publications. Les pensées que j'avais peu de temps encore avant ma délivrance viennent se confirmer : la « *Survie* » *aura sa suite*. Les auteurs désincarnés de cet ouvrage, assistés

---

(1) *La survie, sa réalité, sa manifestation, sa philosophie.* Recueil de communications spirites publiées par Mme R. Noeggerath. (Edité chez Ern. Flammarion, Paris).

(2) On remarquera que l'Esprit dit ici que les mains des disparus étaient chaudes. Il est alors certain que les désincarnés n'ont pas cette froideur cadavérique que l'homme leur attribue. (Notes du médium.)

de ce guide (1) qui se dévoue à votre instruction, viendront vous développer le complément de leurs études.

Courage et persévérance : telle sera votre devise dans l'accomplissement de cette tâche.

L'amour et le dévouement vous traceront la voie où vous sèmerez pour l'humanité :

« *Le bien, la lumière et la vérité.* »

RUFINA NOEGGERATH.

(1) Mon guide guérisseur.

Avertissement

Chers protégés, cher Albert.

Dès aujourd'hui, les Esprits qui par leurs communications permirent l'édition de la « Survie », vous apporteront avec moi d'autres connaissances qu'à votre tour vous pourrez publier, car elles expliqueront comment nous employons les ans, si courts pour nous, dans l'Espace, dans le monde Invisible de l'au delà.

Nous nous efforcerons de nous exprimer clairement par le langage intermédiaire de notre médium : nous ne savons que trop l'état de l'Imagination chez l'âme humaine que la matière incarnante aveugle et projette, pendant une vie variablement longue, dans l'ignorance de ce qu'elle fut jadis et de ce qu'elle sera, pour rendre plus énigmatique encore ce problème déjà si troublant ! Nous ferons donc en sorte d'éclairer ce qui demeure mystère pour votre Esprit en le heurtant le moins possible contre l'obstacle si souvent répété de l'incompris, de l'incompréhensible.

Vous ayant avertis de nos desseins, nous commencerons à dicter à Albert ce que nous espérons voir approfondir par ces intelligences fermes et puissantes qui savent apprécier que leur vie a eu une veille et aura un lendemain !

Que votre pensée s'élève avec la nôtre vers Dieu.

MEUDON,

Guide guérisseur et protecteur.

LIVRE PREMIER

Première Partie

TRANSFORMISME ÉVOLUTIF
de la Terre et de ses Habitants

Le Fluide universel

..... Il faut vous bien convaincre, avant toute chose, de l'existence d'un fluide universellement (1) répandu que, pour cette raison, nous surnommons *fluide universel*.

Lorsque je dis universellement répandu, le sens de mes paroles n'est pas de vous faire comprendre qu'il n'est propre qu'à l'univers terrien, à ce globe qui, d'après les échos qui vous viennent de l'antiquité, était jugé immobile tout autant que ces astres, ces étoiles qui scintillent aux cieux pendant les nuits sereines et qui, d'après nos intelligences d'alors, n'avaient été créées que pour charmer nos regards. Ignorance humaine ! Quelles furent les souffrances, les hontes infligées aux nobles âmes qui, en ces temps, ne craignirent de combattre ces puissants préjugés ! Et, triste comparaison, ce sont les successeurs de ceux qui poursuivirent ces apôtres du progrès, qui aujourd'hui empêchent l'avènement de la révélation spiritualiste !

Donc, le fluide universel est réparti à travers les Espaces. Il y est projeté par la Volonté Divine, là où il y a matière, où elle se formera un jour. Toujours d'une quantité harmonique avec la densité, l'importance condensatrice des planètes, il compense chez celles-ci le globe matériel avec le fluide de l'âme, c'est-à-dire *l'éther*, en se mêlant à ce dernier.

Vous devez conclure de cela que l'universel est le fluide matière, l'élément premier des globes planétaires ; en se conden-

---

(1) Universellement signifie ici : partout où il y a matière ; où il y a monde planétaire, ou condensé, ou en voie de formation, ou en voie de désorganisation. (Note de l'Esprit Jean.)

sant, il en forme la croûte et, d'autre part, en s'unissant à l'immatérialité des Espaces et demeurant lui-même à l'état fluide, il les maintient en équilibre.

Comme je le dis plus haut, le fluide universel est projeté par la volonté divine, et nous trouvons en cela la première manifestation d'un globe. Dans son élan, il traverse les régions éthérées, c'est-à-dire celles non peuplées d'astres, planètes ou satellites, celles inoccupées par la matérialité. La force du jet annihilée, il s'arrête et se trouve repoussé, pressé de tous côtés par les puissances éthérées qui, divisées par lui, tendent à se rapprocher en s'attirant l'une vers l'autre. Dès ce moment, la masse universelle est fixée dans ce que vous appelez le *vide* (ce qui n'existe pas, sachez-le).

Comme vous pouvez en juger, il est facile de prévoir ce que sont les créations des globes : *un jet fluidique matériellement impalpable, lancé comme une goutte d'eau dans l'Infini profond par une volonté inconcevable ; un jet fluidique qui, arrêté et maintenu par les forces immatérielles plus puissantes, se condensera et formera un globe de plus, un nouvel atome de l'Immensité, qu'au milieu de tant d'autres vous admirerez en rêvant !*

Persévérez, amis, dans la voie du bien, parfois pénible, mais qui toujours mène l'homme au bonheur.

Jean.

Le Fluide Ether (Image de l'Infini)

Salut à vous qui cherchez à connaître les grandes merveilles du monde !....

..... Les beautés, les sublimes choses cachées dans les profondeurs insondables de la Nature échappent en grand nombre à nos regards chercheurs et avides de découvertes ; cependant, nous ne pourrions justement et sans grande erreur comparer notre état à celui de l'homme terrien, de cet atome de matière allant, venant, tombant, se relevant au milieu des épreuves, de ces diverses évolutions propres à chacun des globes expiatoires qui, autres atomes, se meuvent aussi sans cesse et toujours de même dans cet Espace Infini qui vous apparaît comme le vide mystérieux d'un gigantesque gouffre, sans issue et sans fond.

Néanmoins, des inconnus nouveaux se dressent parfois à notre vue ; des horizons que nous supposions, mais qu'une brume encore épaisse dissimulait à nos sens et à notre pensée, nous apparaissent tout à coup splendides et fascinateurs.

Alors, nous pensons à vous, amis de la vérité ; nous pensons à votre joie lorsque nous vous apporterons une nouvelle preuve de notre existence ; et, vivement notre âme descend vers vous. Puis, légère, elle s'élève reconnaissante vers les régions où elle pressent davantage son Créateur, où elle soupçonne plus près ce foyer d'amour auquel l'homme doit puiser pour amener ses frères au suprême bonheur.

Dès ce moment, (tâche bien douce) nous cherchons les milieux incarnés où le désir, les desseins s'attachent particulièrement à l'amour du prochain ; les milieux où nous nous sentons attirés parce que sûrs d'y trouver des frères dévoués et aptes à insinuer, par leurs voix plus puissantes, ces mots révélateurs dans toutes les pensées : « *Pères et mères affligés, familles éplorées, cessez vos chagrins : par vos larmes, vous éloignez de vous ceux que vous regrettez. Ils vous aiment à présent d'un amour plus pur et votre douleur brise et abrège leur bonheur !* »...

Oui, frères humains, relevez-vous du songe. Sachez, en nous lisant, revoir, comme jadis, ces paysages gigantesques réunissant toutes les couleurs et surgissant en une véritable féerie, devant vous et de quelque côté où vos regards se portent. Figurez-vous ces innombrables et imperceptibles points aux lumières éclatantes et vives reflétant vers vous les tons, les coloris les plus splendides.... Puis vous environnant de tous côtés, revoyez cette masse, lumineuse elle aussi, où vous vous sentiez l'âme saturée d'un bien-être étrange et inconnu sur ce sol de douleur, où l'homme semble traîner un lourd boulet de bagne. Enfin, dans cette image, représentez-vous votre âme vivant de ce bonheur perdu ; voguant sur cet océan infini, limpide et toujours calme ; volant, comme l'oiseau léger, vers des visions toujours nouvelles et invoquant, à chaque instant, l'heureux jour où davantage encore, elle pourra s'éloigner de ce monde bas et souffrant !

Vous n'aurez plus alors qu'à reconnaître en ces points imperceptibles, ces étoiles et ces milliers de globes planétaires qui, la nuit, tandis que les pensées s'échappent, relancent vers votre Terre la clarté d'autres soleils que le vôtre, mais pour la plupart invisibles à vous-mêmes.

Quant à cet océan de lumière qui, jadis, versait le bonheur

en vos âmes et nous le procure à nous esprits, sachez qu'il
est le tout du fluide de l'âme. C'est une partie de lui-même qui,
se mêlant aux évolutions du fluide universel, du fluide matière,
rendra les corps organiques aptes à subir l'énergie et les volontés de la pensée. C'est sa force qui sature davantage l'âme
au fur et à mesure que celle-ci évolue et monte plus haut que
la matière ; c'est elle qui forme les chaos et qui, se retirant
devant les progrès de la condensation, détermine : à l'intérieur
du globe, le feu central ; à l'extérieur, les couches supérieures à l'astralité (les couches supra-atmosphériques). Dès lors,
c'est elle qui entretient la vitalité dans tous les éléments et
donne, dans l'œuvre de Dieu, le néant de l'inertie.

Lorsque l'âme humaine devenue meilleure a pu s'échapper
de l'Espace astral encore rempli d'émanations matérielles,
c'est aussi cette même puissance qui, seule, l'entoure, la pénètre, la rend plus légère et remplace chez elle l'enveloppe
lourde et universelle disparue avec les évolutions successives
par ce long voile radieux tissé des rayons éclatants et purs du
soleil.

En résumé, ce fluide est la négation de la matière, puisque,
sans lui, la matière ne pourrait vivre et qu'il est *la vie* alors
que la matière est l'inertie : *la mort*. Il est *l'éther!* Il est le
but que l'homme atteint tôt ou tard et plus ou moins vite.

Pour l'atteindre tôt, ô hommes, faites le bien ; sentez votre
âme vibrer sous les effluves de l'amour. Partagez de bon cœur
votre pain avec les nécessiteux. Aidez, dans leurs malheurs,
la veuve et l'orphelin. Sortez, en un mot, de la matière qui
obsède.

Christ a dit : « Aime ton prochain comme toi-même », et
nous, nous ajoutons : « Si tu le fais, frère, tu retourneras bientôt en ta vraie patrie! Tu te rapprocheras de la réelle grande
famille, tu iras plus près de Dieu. Là seulement, tu connaî-
tras le vrai bonheur, celui que l'éther déverse dans les âmes!»

Salut à vous, mes amis et frères!

HÉROAN,

Grand-Prêtre de l'Inde Antique.

Le Fluide Astral

Salut à vous les chercheurs du pur amour! Salut à toi, médium : que mon âme te protège à jamais!.....

... Mon but est de vous faire observer aujourd'hui l'effet résultant de l'union des fluides éther et universel.

Lorsqu'une masse fluidique universelle traverse les Espaces éthérés purs, elle se resserre en elle-même. Puis, ayant atteint sa place définitive et séculaire, elle s'arrête nettement pendant que le fluide éther forme pression sur elle et la fixe en équilibre.

Toujours un choc formidable annonce la rencontre des deux forces fluidiques et voici ce qui en résulte: l'endroit occupé à présent par la masse universelle, l'était précédemment par le fluide éther qui, troublé subitement par la venue du germe planétaire, s'est trouvé rejeté comme l'est le fluide atmosphérique lorsqu'en lui vous lancez un objet quelconque. Mais, quand l'arrêt de la boule fluidique est provoqué, le fluide éther, retournant et se refermant vers son autre partie, se choque maintes fois à elle, (1) la divise à son tour, s'y unit peu à peu et en relance parfois certaines divisions qui vont former d'autres globes plus petits: les satellites.

Dès lors, par son union avec l'éther, la masse universelle qui est demeurée en son premier arrêt se pétrit et s'irradie. Cette union donne le *fluide astral*. Dans la suite, la condensation se concentrera et transformera une partie de ce dernier en matières de différentes densités. J'insiste : une partie seulement du fluide astral se métamorphosera ainsi ; l'autre partie, échappant à la condensation centrale mais subissant malgré tout, en ses couches inférieures, l'influence de la matérialisation, formera les divers gaz qui hantent et font l'atmosphère, gaz toujours plus légers à chaque coup d'aile en s'éloignant du globe. Enfin, la formation du monde achevée, le rôle du fluide astral se bornera à ceci que, d'une quantité harmonisée à celle du condensé et uni par ses couches supérieures à l'éther pur (2), il tiendra par lui-même le monde en équilibre et évitera, en l'éloignant par sa nature semi-négative, que la puissance éthérée vienne détruire la condensation de la planète.

Voici ce qu'est le fluide astral et ce qu'est son rôle, celui d'harmoniser la matière à l'éther sans cependant les faire entrer tous deux en contact direct et indubitablement inharmonique.

(1) A la boule fluidique.
(2) Fluide volatilisateur de la matière. (Note de Çakia Muni.)

Parcelle par parcelle, on analyse les mondes! Page par page, nous parviendrons à montrer à l'homme, son origine problématique!

Je vous quitte en cet espoir. Amis de la vérité, Au revoir !

ÇAKIA MUNI.

La Comète

Salut à vous frères humains qui, en approfondissant nos révélations, vivrez un moment de ce sentiment du vrai et de l'amour de votre prochain !

..... Avant d'aborder l'étude de la Comète, insistons un peu sur l'illumination qui se produit par le simple contact des fluides éther et universel.

A propos des séances de matérialisation. — Les expériences spirites, celles de matérialisation, seront notre premier exemple : rendus plus éthérés par leur existence dans les couches supérieures à votre atmosphère vitale et vibrant contre les émanations universelles q .. s'exhalent, du médium d'abord, des assistants ensuite, les périsprits des désincarnés *s'illuminent* et se détachent sur le fond obscur de vos rayonnements corporels qui s'en impressionnent. Je dois ajouter à ce sujet que les matérialisations sont plutôt rares et souvent empêchées par cette seule cause que les esprits ne trouvent pas toujours une ambiance assez puissante, assez égale et assez harmonique ; la crainte d'un seul assistant peut annihiler, tout au moins nuire au phénomène par le courant antipathique qu'elle détermine.

La Foudre. — Je citerai maintenant l'exemple de la foudre. Qu'est-ce en réalité que cette force brutale ? — Un déplacement d'éther pur qui, provoqué par certains troubles supra astraux (1), se précipite vers le globe planétaire, emporte avec lui les émanations désagrégées universelles (2) qu'il rencontre dans l'atmosphère et qui le font *s'illuminer*, s'abat sur le sol dans un sens variablement direct (suivant la continuité des troubles supra-astraux) et y détruit l'harmonie des matières qui se trouvent sur son passage. Vous avez appris à ce sujet que l'éther est la négation de la matière d'une puissance inégale, inférieure à la sienne.

(1) Troubles des régions placées en dehors de la limite terrestre.
(2) « Émanations désagrégées universelles » signifie : tout ce qui fut matière et qui, par la désagrégation, est redevenu fluide universel.

Parvenant dans votre ambiance immédiate, la foudre vous paraît être un jet d'électricité. Cependant, comme vous venez de le voir, son origine n'est pas le fluide électrique mais bien l'éther pur. Elle ne doit l'apparence de l'électricité qu'à l'entraînement qu'elle produit sur les émanations universelles qui, mêlées à elle, lui donnent la nature de la force précitée. Du reste tout phénomène, se réalisant spontanément dans l'astralité ou au dedans du globe même, est provoqué par des troubles subits des régions supra-astrales (1).

En conclusion : l'éther pur reste fluide simple tant que le fluide universel auquel il s'est uni tout-à-coup, demeure d'une quantité harmonique à son essence. Mais, dès que cette harmonie est détruite par supériorité matérialisable (2), il *s'illumine*.

La Comète — Ceci dit, nous pouvons aborder le sujet des comètes.

Dans son élan, le fluide universel (lors de la formation d'un globe) traverse et divise la masse éthérée. Au contact de ce bloc matérialisable d'une puissance supérieure à celle de la partie de lui-même ainsi séparée, l'éther s'illumine et éclaire la voie suivie par la future planète. De son côté, par son choc contre l'éther qui bientôt sature sa surface, la masse universelle s'éclaire et semble être déjà un globe, une étoile suivie d'une queue longue et lumineuse que forme, je le répète, l'éther illuminé et divisé sur son parcours. De plus, au fur et à mesure que la « comète » s'éloigne et que, par conséquent, son contact s'atténue, le volume radiant de l'extrémité de la queue s'amoindrit. C'est alors que la voyant toujours d'un même aspect, vous croyez faussement que cette queue est une partie d'elle-même que la comète emporte à sa suite. Il est encore à remarquer que les comètes affectent différentes formes. Cette diversité ne provient que des mouvements (intérieurs mais inapparents) de ces masses *fluidiques* et lumineuses.

..... Je vous quitte et vous envoie les effluves de mon amour le plus puissant !

LERMON,
Grand-Prêtre de l'Inde Antique.

(1) Régions d'éther pur.
(2) Ou universelle.

La Formation d'un monde

Les différentes images que vous ont tracées mes amis se sont arrêtées à ce point où la comète, autrement dit, le globe fluidique, la quintessence des mondes se fixe à l'endroit où le souffle de la *Grande Ame* la maintiendra désormais.

Notre désir n'est pas de vous dévoiler ici les secrets de cette harmonie que le Créateur révèle dans toutes ses créations. Il n'est pas, en vérité, dans le pouvoir des Esprits terriens de se représenter ce foyer inépuisable où Dieu puise les deux forces qui deviendront des mondes et beaucoup d'autres fluides. Ils ne peuvent, malgré leur état de lucidité moins matériel que le vôtre, qu'observer le trajet parcouru par ces masses atomiques (1), qu'admirer et approfondir leur condensation.

Aussi, comme tout autre, nous ne pouvons en ce cas que faire de simples suppositions, et nous croyons alors deviner une infime partie de ces grands mystères créatifs. Un lointain souvenir (2) semble renaître en nous et nous réapprendre que : *puisque les deux fluides universel et éther, en s'unissant, (le premier se condensant à des degrés différents) arrivent à former d'innombrables autres fluides, peut-être, de même, forment-ils une unité : le fluide éther, celui le plus pur parce qu'immatériel.* Il résulterait donc que le fluide universel serait une masse éthérée changée et métamorphosée par certaines vibrations, par un mécanisme que Dieu seul doit connaître en ce moment d'infériorité de l'âme terrienne.

D'ailleurs, Dieu étant immatériel, il semble réel qu'Il ne pourrait créer le fluide universel (ou matérialisable) sans lui donner d'abord l'État de l'Immatérialité. Il ne créerait pas *directement ce dont lui-même est la négation.*

Mais, cependant, nous n'affirmons rien de cela car nous le disons : seraient trompeurs ceux qui voudraient assurer une authenticité complète aux révélations touchant ces mécanismes divins qui disparaissent au-delà de nos regards !...........

....

Lorsque la quintessence du monde futur s'arrête, la force

---

(1) Vous ne pouvez en réalité, vous hommes, vous faire la plus faible idée de ce qu'est l'Infini où votre Terre, si grande comparativement à vous, n'est pour les habitants de l'Espace, qu'un point presque imperceptible, un atome. Qu'êtes-vous alors ?... (Note de l'Esprit)

(2) L'Esprit fait ici appel à ce temps où, vivant sur les mondes meilleurs, comme il est dit plus loin, nous connaissions les mécanismes de la Création. (Note du Médium.)

éthérée qui s'était écartée sous sa poussée, se rapproche d'elle, la presse de tous côtés et la maintient en équilibre; puis, peu à peu, elle la pénètre et s'y confond.

Les contacts et les chocs qui se produisent entre ces deux forces les illuminent, non plus superficiellement comme dans la comète, mais totalement, et il vient un temps où l'amalgame entier change sa lumière en un véritable feu. Le globe est alors un soleil; il est en voie de condensation...

Vous vous demandez, sans doute, quel est le temps nécessaire pour la formation d'un monde comme votre Terre. Sachez dès ici qu'il n'est pas de temps dans la Nature. Vos années terriennes sont un jour en d'autres mondes et sont inappréciables pour nous. Il est cependant certain que votre planète a mis des milliers d'années pour acquérir sa matérialité habitable.......

Le fluide éther augmentant la masse universelle à laquelle il est mêlé, le globe futur, cette boule de feu actuelle, acquiert un volume lumineux plus étendu. Des chocs se répercutent partout en lui, et il est rare que par leur violence, d'un monde il ne s'en forme d'autres qui se projettent à de grandes distances comme de mouvantes lumières. Nouvelle harmonie créative! Jamais un jet semblable ne viendra s'abattre et former cataclysme sur un monde parvenu à son habitabilité définitive: il en est rejeté par les couches supérieures de l'astralité.

....

..... Des siècles s'écoulent, transformant d'autres mondes et les faisant évoluer! Celui-ci se transforme également et des parties de sa surface se sont obscurcies. Les masses éthérées pures, c'est-à-dire celles non mêlées à l'Universel, ont immobilisé par leur puissance plus grande et plus stable, la division d'elles-mêmes qui s'est amalgamée avec ce fluide matérialisable. Par comparaison, l'éther plus fort commande ici à l'éther appauvri par l'Universel comme le ferait un magnétiseur pour imposer sa volonté plus puissante à son sujet.

Ainsi immobilisé, l'éther astralisé (1) passe son état d'inaction à l'Universel auquel il est uni et, par conséquent, les chocs ne se produisent plus. La cause étant donc détruite, l'effet s'atténue de même, cet effet que vous savez être l'irradiation du globe, le feu jadis cométaire, maintenant plané-

_____

(1) Mêlé à l'universel de façon à former le fluide astral décrit précédemment.

taire. De cette façon, par suite de l'amoindrissement subit des chocs, des vibrations qui formaient la chaleur excessive, la condensation s'opère (1) et l'obscurité gagne peu à peu toute la surface de la planète.

Lorsque la croûte planétaire est entièrement formée, la condensation se porte vers l'intérieur et y devient de plus en plus importante (2). Il se fait alors qu'étant la négation de la matière, l'éther recule devant les progrès de la matérialisation complète et parvient au centre même du globe. Bientôt après cependant, il lui est impossible d'échapper encore au contact de la masse condensée car celle-ci l'a rejoint.

Un nouveau phénomène se produit à ce moment. De même que, véritables condensations partielles, des taches obscures apparaissent actuellement sur le soleil pour disparaître ensuite sous l'annihilation des chocs éthérés, l'éther, pendant la condensation intérieure d'un globe, refluidifie aussitôt les matérialisations qui tendent à s'opérer dans son refuge. Et voilà que par ces multiples contacts, la lumière reparaît à l'intérieur du globe ; que tout s'enflamme comme à la veille d'une condensation ; voilà enfin le feu que la croûte dissimule et que vous appelez le *feu central*, ce feu dont l'éther vibrant apporte la chaleur au globe entier qu'il arrivera à saturer complètement par *l'attraction solaire* (3).

Dès lors, des chocs continuels se produisent en lui et aujourd'hui, par les cratères des volcans, vous percevez encore l'écho de ces luttes intérieures.

Autre conséquence : lorsque la condensation de la croûte planétaire est achevée, l'éther central diminue son attraction sur les fluides de l'Espace à chacun de ses reculs devant les progrès de la matérialisation. Il se produit donc qu'aux endroits où celle-ci n'est pas aussi vive, l'attraction demeure plus forte et les fluides de l'Espace y étant plus attirés vers le sol, se désharmonisent, se pressent et alourdissent leur masse en s'unissant ; puis, emportés par leur pesanteur, ils traversent l'ambiance de plus en plus matérielle, se condensent à demi

(1) La condensation varie d'importance en chaque monde, suivant que les chocs formants furent plus ou moins nombreux et créèrent, par conséquent, une température plus ou moins élevée. (Note de l'Esprit.)

(2) Contrairement à la condensation de plus en plus forte vers l'intérieur, celle de l'Espace impalpable s'amoindrit à chaque élévation. (Note de l'Esprit.)

(3) Mécanisme expliqué plus loin, page 30.

et s'abattent en trombe sur le globe. Ainsi se forment les eaux et les océans ; les endroits des globes occupés par les mers sont donc ceux où la condensation tarda le plus.

J'ajoute toutefois encore qu'un monde ne se forme jamais seul et que c'est justement cet ensemble que vous appelez un système : la création d'un système date toujours de la même époque et aucun de ses mondes n'est plus ancien qu'un autre au point de vue du moment où tous se sont fixés à leur place définitive ! Je vous quitte et vous dis au revoir.

MEUDON,
Guide guérisseur et protecteur.

Les Mondes dans l'Infini

O Infini amour, que n'es-tu mieux compris ! Ame de nos âmes, permets que nous aidions dans leur évolution, ceux qui veulent la vérité et combattent le doute de l'ignorance.

Jadis, grands prêtres de l'Inde antique, nous tenions pour nous-mêmes les sublimes enseignements que nous recevions des ancêtres : l'intelligence humaine était trop retenue dans la matière pour que nous puissions, par le seul élan de notre pensée, la projeter au loin de son monde, vers d'autres matériels, vers d'autres invisibles ; loin de son corps enfin, vers d'autres états plus heureux. Il est manifeste que nous fîmes bien en nous abstenant : l'exemple du Christ est en ce sens suffisamment probant, car les images qu'il traçait si précises et si justes, furent de tous temps mystifiées par l'erreur.

Maintenant, au-delà de la tombe, nous faisons ce que nous n'avons pu réaliser autrefois et, aujourd'hui, je viens vers vous afin de vous démontrer la vie incessante de la Nature et la diversité évolutive des innombrables globes qui permettront à l'homme de parvenir à son but définitif, mais non absolu : l'immatérialité.

La vie égale le mouvement ! Sans mouvement pas de vie ! En outre le mouvement ne consiste pas seulement dans l'action ou le déplacement de toute une masse, dans les vibrations réalisées et apparentes pour tous, mais encore dans celles insoupçonnées et les plus invisibles.

La plante ne se meut pas et pourtant elle vit, car elle puise sa vitalité à l'intérieur de la Terre qui, elle, se meut, se transporte et vit individuellement autant que l'homme.

Comme la plante et la pierre le font du globe, les cellules de
votre corps vivent de vous-mêmes, de vos forces. Aussi, en
approfondissant bien l'existence des éléments, on comprend
que pour les corps, la mort devient une autre vie apparemment
immobile mais atomiquement active : la désagrégation se pro-
duisant, il y a mouvement intérieur : il y a vie.

Ici, cependant, ce n'est plus l'âme individuelle et humaine
qui vivifie la dépouille charnelle, mais l'âme de la Terre, l'âme
centrale qui sature ce corps abandonné comme elle le fait de
la matière assimilable à elle-même de la plante.

Vous pouvez apprécier en cela que la matière végétale se
différencie entièrement de l'organisme charnel de l'homme :
le rapprochement de la plante avec le fluide du globe
produit harmonie et croissance vitale, tandis que le corps animal, aussitôt privé de son âme individuelle et pénétré par
celle de la planète, tombe dans une vitalité de destruction.

Arrivons maintenant à la seconde partie de notre sujet.

Dans l'Infini, nous trouvons trois catégories de mondes.
La première nous montre la matérialité complète ; la seconde,
la vitalité transitoire des âmes, autrement dit, l'achèvement de
leur dématérialisation ; enfin la troisième nous révèle l'état
léger et pur des âmes, c'est-à-dire leur retour définitif à la
vie immatérielle.

Nous citerons donc :

1° *Les mondes expiatoires* où l'homme, avant d'évoluer
plus haut, doit subir et connaître toutes les phases de la vie
qui s'y trouve. L'esprit humain tombe ainsi dans la diversité
des épreuves, cette source des sentiments que, jadis, son orgueil lui fit perdre.

2° *Les mondes transitoires* où, dans sa dématérialité nais-
sante, l'Esprit revoit ses différentes évolutions, ses luttes successives, ses souffrances personnelles, ceux qu'il a soulagés,
amenés au bonheur et à la vérité : toutes visions enfin où son
amour grandit encore et toujours. C'est en ces mondes qu'à
l'aide d'un corps d'une universalité (1) moins dense, il se re-
mémore et se pénètre de toutes ses afflictions passées qu'alors
il interprète bienheureuses.

3° *Les mondes supérieurs*, qu'il ne faut pas confondre avec
ceux simplement meilleurs que votre Terre, mais cependant

(1) Nature du fluide universel.

expiatoires. En ces mondes que nous pouvons à peine atteindre de nos regards, vivent les Esprits complètement épurés, ceux qui ont retrouvé l'état créatif que Dieu donna à toutes les âmes. Ils ne pénètrent plus en des corps, la matérialité influente de ces mondes étant assimilable (1) à leur état fluidique. Ils ne font qu'observer et étudier, et sans cesse évoluent vers des créations toujours plus sublimes.

Le plus élevé pouvant toujours descendre au-devant du plus faible, ils viennent parfois dans nos plans supérieurs pour nous aider de leurs inspirations... Elles sont légion ces grandes intelligences, et de même que vous nous savez vos gardiens, chacun de nous connaît leur appui et se sent fortifié, encouragé au bien par le moindre élan de leur amour.

Hélas! plus nous avançons dans l'étude de l'Infini, plus nous nous trouvons petits!

Aussi, frères, travaillez sans retard à votre évolution. Ne reculez pas devant l'adversité qui vous fait entrevoir et acquérir plus de bons sentiments et plus d'amour. Vous appellerez ainsi l'heureux moment où, devenus meilleurs et plus légers, vous monterez à nos côtés vers la grande famille éthérée si proche de l'ardent foyer de l'amour et du bonheur!

Amis, salut!

HÉROAN.

L'Origine de la Terre...?

Comme l'homme, l'animal et la plante, le sol que vous foulez chaque jour compte une naissance et aura une mort pour parvenir à cette évolution plus grande qui est son but tout autant que le vôtre.

Quelle est alors l'origine de la terre ? — Votre planète, amis, fut déjà un autre globe, un autre monde aussi différent d'elle que vous-mêmes le serez, dans vos existences futures, de vos aspects actuels; autrement dit, les formes de sa croûte et son degré moral sont aujourd'hui l'opposé de ce qu'ils étaient dans sa précédente vie.

L'Image est juste : la Terre est une âme de globe réincarnée et si, vous basant sur les paroles du Christ (2), vous êtes arrivés à vous convaincre que l'homme doit revivre pour devenir meilleur et évoluer, vous ne devez pas trouver étrange

---

(1) Assimilable, c'est-à-dire pouvant s'unir sans désharmonie.
(2) Avant qu'Abraham fut, j'étais. (Note de L'oriental.)

que les mondes et les globes, formés par la même loi créative que vous, soient soumis aussi au régime éternel et universel de l'évolution ; cette dernière loi ne peut être limitée à certaines créatures puisqu'elle est une loi de l'Infini.

Donc, la terre ne fut pas toujours la planète actuelle, mais un monde pur et délivré de souffrance. Les religions anciennes vous en donnent, par le « Paradis Terrestre », une image mise à la portée de l'intelligence bornée des peuples des siècles passés ; l'homme était alors trop matériel pour trouver un bonheur spirituel pouvant rivaliser avec le bien-être du corps et les joies de la matière. Aujourd'hui encore il semble regretter ce séjour meilleur et oisif que, pour ma part, je trouve plus souffrant que la Terre d'à présent.

En réalité, un monde semblable serait-il désirable pour rendre la créature digne de son créateur, Lui qui n'est qu'action et mouvement ? Est-ce par l'oisiveté que l'Infini sortit du néant vital et votre progrès put-il atteindre son degré actuel sans l'activité et le dévouement de vos frères ou de vos ancêtres *corporels* (1) ? Vous le dites avec raison : il n'est pas de bonheur sans travail ; aussi le bien-être oisif m'apparaît-il comme une torture, comme un supplice de l'âme qui serait imposé dans une éternité que vous savez au contraire bienheureuse pour tous.

Sachez donc le véritable régime de vie qui existait sur cette « Terre de bonheur » : ce régime était celui de tous les mondes supérieurs. Elle gravitait dans un Espace moins universel ; les âmes ne faisaient que s'y matérialiser (2) et étudier tous les détails et toutes les variétés qu'elle présentait. Les unes, entièrement instruites et connaissant à fond la Terre heureuse, partaient vers des globes à elles inconnues, cependant que d'autres, quittant leur précédent séjour, venaient à leur tour y étudier. En vérité, il n'y avait pas apparence d'actes matériels puisqu'absence de corps, mais le travail réel était celui de l'âme, ce travail qui sera éternel comme l'est l'œuvre du Créateur.

(1) Je dis : vos ancêtres *corporels* et n'ajoute pas : *et spirituels*. Qui peut dire en effet si, par la bizarrerie des épreuves et des incarnations ; si par l'oubli matériel, vous n'apprenez pas aujourd'hui ce que votre âme, incarnée dans un autre corps, a découvert jadis. (L'oriental).

(2) La matérialisation de l'âme signifie une incarnation que l'âme provoque et suspend à son gré. L'Incarnation, au contraire, ne dépend aucunement de l'âme, mais de l'harmonie des éléments organiques du corps. (L'oriental.)

Sur ces mondes supérieurs, comme sur tout autre, (1) les âmes étant parvenues à un degré d'amour très avancé, les mécanismes créatifs étaient à la portée de leurs études. (Sachez à ce sujet que la création n'est qu'amour tout comme l'annihilation de la maladie est réalisée par le médium guérisseur à l'aide des vibrations d'amour et de pitié que ses guides provoquent en lui).

Petit à petit, le progrès hallucina les masses ; la connaissance créative les aveugla, et un orgueil insensé se répandit sur les globes où allaient étudier nos âmes dévoyées. En conséquence, l'harmonie de l'amour se rompit et brisa celle créative... C'est dès ce jour, amis, que la terre glissa sur la pente actuelle de l'orgueil, cette folie toujours si proche de l'homme.

Sur tous les globes atteints, les âmes voulurent créer et commander aux forces de la Nature, mais elles ne firent que provoquer le cataclysme intra-planétaire suivant.

Les rapports astraux établis entre les globes et les forces supérieures furent détruits par l'union de toutes les volontés, par la confusion de tous les désirs coupables. Les diverses attractions vitales disparurent et, les fluides créatifs se mêlant et s'entrechoquant, les planètes se désorganisèrent et se fluidifièrent par la saturation éthérée excessive : cela d'autant plus vite que leur matérialité était de beaucoup moins dense qu'à ce jour.

Il est facile de comprendre comment ces mondes devinrent expiatoires. Les troubles apportés par les âmes obsédées d'orgueil, dans les forces naturelles et créatives, furent si puissants que les chocs condensateurs qui vinrent dans la suite, eurent une importance telle qu'ils produisirent une matière assez inharmonique à l'état léger de l'âme pour créer la souffrance dans laquelle vous vivez.....

Pareillement aux autres globes, la Terre se fluidifia et devint astre mobile. Puis, les masses astrales les plus fortes attirant les plus faibles vers elles, la Terre s'amalgama, et, par un choc subit, la masse gigantesque, indescriptible même à laquelle elle s'était jointe, partit en comète.

Arrêté, l'amalgame entra en fusion, et votre planète, tout à coup relancée et entièrement individualisée, devint à son tour une petite comète qui se mit à fuir dans un lumineux ho-

(1) Comme sur tout autre supérieur.

rizon, aux côtés de ses planètes sœurs, toutes ornées de leur suite d'or, de leur flamme cométaire.

Quant à la masse première qui se désunifia après avoir porté en elle votre globe ainsi que certaines autres planètes telles Mars, Saturne, etc., vous la retrouvez en ce soleil qui vous éclaire de ses puissants flambeaux.

Depuis ce jour, les mondes déchus procurèrent à leurs habitants l'hérédité de la souffrance et de l'orgueil, et toi, homme, tu souffres par ta faute, tu souffres pour l'Amour. Comprends donc d'où tu viens et pourquoi tu es ici bas. Jette un regard sur la Nature et songe à sa beauté splendide lorsque toutes les comètes sillonnaient les cieux. Tu apprécieras alors que, même dans la désharmonie que tu avais provoquée, Dieu sut jeter de sublimes grandeurs que d'autres regards, d'autres vues moins hallucinées que la tienne contemplaient avec délice....

....

Pourquoi, si tu entrevois comme dans un vague songe, ces quelques magnificences de la Création, pourquoi, ô brebis égarée, ne te mettre pas hardiment sur la route qui mène au majestueux bercail ?

L'ORIENTAL.

La Formation des Ames

Nous abordons aujourd'hui la vie définitive d'un monde. Je vous ai démontré dernièrement comment s'effectuait sa « naissance » et je me propose actuellement de vous le faire suivre dans sa première enfance.

Son inhabitabilité ne lui permettant pas encore de posséder ces multitudes d'interprètes, ces messagers de la pensée générale que l'esprit humain personnifie le plus, son caractère, son moral, c'est-à-dire son influence expiatoire ou heureuse ne peut rayonner. Il est l'enfant qui ne peut traduire ses désirs... Mais déjà une sève féconde s'éveille et bouillonne en lui ;... un remous l'agite et, par instant, le fait gémir et gronder.

....

Devant ce spectacle, on prévoit l'avenir où cette sève intérieure, après s'être filtrée au travers de l'écorce à peine condensée, viendra faire éclore la flore du bien et murir les fruits de l'amour dans toutes les âmes qu'elle contient ; cela durant les nombreux siècles d'existence de l'astre qu'elle féconde.

Voici, en réalité, ce que les gémissements et grondements intérieurs du globe nous révèlent.

L'Orbite. — Dès que le feu central est formé, des chocs s'opèrent entre lui et la matière dont il arrête les progrès condensateurs. Les vibrations se répandent dans toute l'épaisseur de la croûte matérielle, la traversent en la faisant frémir, se répercutent dans les couches fluidiques astrales et vont, par l'intermédiaire de celles-ci, se reporter dans l'Espace éthéré extra-terrestre, d'où remous et mouvement par leur prolongement et leur continuité.

Dans la suite, les vibrations des couches supérieures, reprenant la route suivie par celles du globe, leurs véritables causes, refluent dans le feu central (éther de puissance inférieure) puis, par la simultanéité de leur mouvement, emportent la planète à travers les Espaces.

Les vibrations des couches éthérées supérieures se confondant et s'harmonisant au mouvement, à l'impulsion des couches supérieures des autres globes du système, il semble que celui-ci est attiré par les autres planètes. Il n'en est rien cependant car l'équilibre et l'attraction sont inhérents à la force éthérée, par l'aide toutefois des vibrations solaires.

Ainsi s'opère la description de l'orbite d'un globe, ce mouvement tout différent de celui que, par exemple, la Terre opère sur elle-même. En ce dernier, la planète obéit à ses chocs intérieurs comme, du reste, l'homme et l'animal se meuvent et agissent suivant les vibrations de leur esprit, de leur pensée, *de ce qui est eux*. Quant à la description de l'orbite, l'entraînement qui la provoque est comparable à la force invincible qui emporte, aveuglés, dans le dédale immense des épreuves et des évolutions, l'homme et l'animal.

Dans la Nature les comparaisons sont faciles à établir, car l'homme peut se retrouver en tout ce qui vit. Rien n'échappe aux mêmes lois ni aux anéantissements évolutifs et reproducteurs qui font que tout s'use pour se reformer ou renaître (1) et progresser toujours davantage....

(1) Sur Terre, la réincarnation provoque encore le scepticisme. Que l'homme, cependant, s'interroge. Si ce qu'il a créé (admettant que ce mot puisse être attribué à ses œuvres) se détruit par un événement quelconque une voix dit en lui de remplacer ce qui est disparu. Donc comparant l'infériorité humaine à l'Infinité du Créateur de la Nature, pourrait-il douter encore que Dieu anéantit la mort et que ce qui disparaît aujourd'hui renaîtra demain ! (Note de l'Esprit.)

, LA FORMATION DES AMES. — ...Revenons à l'observation générale de la planète. Au jour où la masse condensée s'harmonise avec la force éthérée supra astrale, un rapport puissant et continu se forme entre cet éther (1) et le feu central. Déjà établie pour la gravitation du globe dans l'Espace, cette attraction de l'éther plus fort (2) sur le plus faible (3) devient de plus en plus vive et il s'en suit que ce dernier, cédant toujours davantage, traverse les masses compactes et matérielles qui forment la croûte et arrive à la surface condensée du globe. Puis, en parcelles infimes, en atomes désorganisés, il se mêle aux éléments, gravit par ce moyen les différents échelons de la matérialité et un jour vient enfin où chaque bloc possède une quantité harmonique (4) de parcelles centrales.

Par ce mécanisme, le feu planétaire intérieur rayonne dans tout le globe qui, suivant la force attractive du soleil, se vivifie plus ou moins. Dès ce moment, l'habitabilité de la planète s'affirmera toujours davantage et, l'évolution centrale progressant sans cesse, les parcelles éthérées iront plus loin que la pierre ; par leurs poussées et par leur essence saturante, par l'usure qu'ainsi elles lui apporteront, la matière dense et lourde enfantera d'autres matières plus légères et de plus en plus assimilables au commandement et au rayonnement de l'éther et de la pensée.

Les parcelles s'individualiseront, comme l'enfant s'individualise et se sépare de sa mère ; elles s'éloigneront de leur entier central et animeront des matières par leurs propres vibrations.

Telle est, chers protégés, la première manifestation de ces parcelles éthérées qui, se rapprochant, produisent un jour des âmes humaines, identiques à la vôtre qui vous fait à présent penser, raisonner, évoluer et vous fera renaître sans fin dans les épreuves ou dans le bonheur, ici ou plus haut : dans les épreuves jusqu'à votre supériorité reconquise et définitive.

Une question peut se poser : « Le mécanisme de la création des Ames est-il semblable sur les mondes supérieurs et sur nos mondes expiatoires ? » — Il nous est permis de le supposer !

(1) Supra astral.
(2) — Idem —
(3) Ether central.
(4) Cette organisation harmonique fait que l'éther ne peut nuire aucunement à la matérialité plus puissante que lui-même. (Notes de l'Esprit.)

RÉSUMÉ. — Dans la création d'un monde expiatoire, les âmes générales (pierres et plantes) et individuelles (animales et humaines) de l'avenir sont assemblées en un tout et forment après la condensation matérielle du globe, l'âme ou le feu central.

Lorsque l'harmonie du mouvement et des vibrations est réalisée entre les éléments supra et intra astraux (1), l'attraction de la masse éthérée pure sur la masse plus faible de l'éther central amène les parcelles de ce dernier jusqu'à la surface du globe dont les pierres sont ainsi vivifiées. Il vient un temps enfin où toute l'épaisseur condensée est saturée de parcelles éthérées.

Il résulte donc de ces observations que la première manifestation des âmes primordiales consiste en la vivification de la pierre, des minéraux, et que ces âmes, qui seront réellement un jour celles des prochains habitants du globe, ont été enfantées par le feu central, en suite de la fécondation attractive de l'éther pur et de celui vibrant et intermédiaire du soleil.

Ajoutons enfin que la manifestation de l'extériorisation de l'âme centrale en parcelles individuelles se fait plus vivement dans les profondeurs marines, pour cette cause que la croûte y est moins puissante.

Puissent ces révélations frapper suffisamment la raison humaine pour y faire naître le réveil du passé, le ressouvenir des évolutions successives !

MEUDON,

Guide guérisseur et protecteur.

(1) Supra astraux : au-dessus de l'astralité, hors de la limite astrale.
Intra astraux : la planète entière, c'est-à-dire, la masse condensée, l'atmosphère et les couches astrales supérieures.

L'ÉVOLUTION DE L'AME
Primordiale et Généralisée

Attraction Solaire

La science terrienne vous ouvre en ce moment un nouvel horizon : les phénomènes hypnotiques, magnétiques et suggestifs sont en grand nombre reconnus authentiques et à présent, quoique ces effets dont la cause est la même ne soient, chez les peuples occidentaux, qu'à leur simple début, l'on peut se rendre compte que, dominé par la volonté plus forte de l'opérateur, un sujet peut retourner dans les visions de son passé; revoir, revivre même ses épreuves les plus bénignes et les plus disparues de sa mémoire, et enfin retracer ce que furent ses évolutions dans ses existences antérieures.

Ce n'est pourtant pas sans audace ni crainte qu'un magnétiseur lance l'Esprit de son sujet aussi loin de son corps et de sa vie présente : la matière est là chancelante et fragile, et l'anéantissement est toujours proche de l'incarné qui s'abandonne aux moindres actions inaccoutumées. Aussi, faut-il rendre un hommage sincère à ces sujets qui, sans hésitation et par dévouement, vont se livrer aux recherches de la science.

Pour nous Esprits, le retour dans l'évolution terrestre nous est un jeu ; tel vous soulevez les stores de vos fenêtres, tel dans l'extase et le recueillement, nous soulevons le voile du passé. C'est alors que nous comprenons que la vie incarnée est un véritable rêve où l'homme se débat, se transforme et devient aujourd'hui l'opposé de son incarnation d'hier, de son dernier rêve....

....

... Dès maintenant, il est à prévoir qu'un jour viendra où ces sciences devenues plus vastes seront d'une aide puissante pour la science officielle de la Terre, car, rapprochant des autres influences de la Nature, l'influence de la volonté sur une autre inférieure à elle-même, l'homme d'ici bas arrivera à mieux comprendre les lois qui régissent les Espaces.

C'est au sujet d'une semblable théorie, c'est-à-dire de l'attraction solaire que je viens vous entretenir.

Vous ne la connaissez pas encore cette attraction que toutefois les savants avaient déjà prévue dans leurs recherches sur la fécondation apportée aux plantes par la chaleur solaire ; il est vrai que la présence, dans tout système, d'un globe non condensé et vivifiant, autrement dit, d'un soleil, ne pouvait qu'éveiller l'attention de la science : appliquer la croyance au hasard dans les œuvres sublimes du Créateur et accepter le mystère dans la Nature étaient véritablement choses impossibles. Si l'Amour Parfait (1) a *voulu* cette fécondation solaire dans chaque système, c'est qu'en réalité elle est indispensable à la vie qui doit y régner, et nous devons par conséquent considérer la présence de ces astres comme celles d'intermédiaires.

D'ailleurs, n'en rencontre-t-on pas partout de ces intermédiaires ? Pourquoi l'homme vit-il, si ce n'est parce qu'il peut communiquer ses aspects à ses frères et recevoir les leurs ? D'après vous, sa vie se borne à la pensée et aux sens. Cependant, ni l'une ni l'autre ne pourraient se révéler sans cette force intérieure et fluidique (2) qui les relie et sature en même temps toutes les molécules du corps, lesquelles, recevant d'elle l'énergie et le mouvement, vivent et influencent à leur tour. Cette force est celle astrale ou périspritale... Pourquoi, d'autre part, crut-on longtemps au néant vital de la plante si ce n'est parce que l'homme ne trouvait pas en elle les circonstances et les aspects qui font reconnaître la vie chez les êtres individualisées ?

Donc, pour le sujet qui nous intéresse maintenant, rappelez-vous que la plante soutire sa force de la vie générale de la planète ; que les globes vivent et s'influencent entre eux par l'intermédiaire du soleil et que, par cette même médiation, ils sont vitalisés par les forces fécondantes de la Nature.—

Le soleil a porté en lui toutes les planètes, et celles-ci lui ont laissé certaines parties, certains ascendants propres à elles-mêmes, tout comme l'homme, quittant une salle où il a conversé, y laisse l'impression de ses paroles et de ses actes, y abandonne l'influence, le stygmate de son moral, de sa pensée qui ne sont que fluide.

Le soleil possède donc en ses entrailles où à chaque instant gronde la nature, la puissance du chaos de chaque planète,

(1) Dieu.
(2) Voir : le corps humain. La force périspritale.

l'influence fluidique de chacune d'elles. Il peut ainsi les régir et ressemble en cela à l'opérateur qui, possédant le même organisme et le même intermédiaire : la force astrale, peut diriger son sujet d'une volonté plus faible.

La masse solaire est en résumé pour les mondes ce qu'est pour l'âme incarnée ce corps périsprital qui la fait agir sur la matière et nous permet, à nous Esprits, de nous unir momentanément à elle et de laisser, après notre départ, des marques caractéristiques (écriture, auditions, vibrations, etc.).

Ceci dit, il vous sera facile de comprendre que c'est à l'aide du soleil que les forces éthérées supra-astrales peuvent pénétrer l'astralité universelle des globes et influencer la matière condensée. Observons pourquoi et comment.

Nous nous rendrons compte en premier lieu que les masses éthérées indépendantes communiquent bien avec les couches supérieures de l'astralité, mais ne peuvent malgré tout, étant arrêtées aussitôt par les couches fluidiques universelles, pénétrer plus avant : en conclusion, leur rôle se bornerait au maintien en équilibre de la planète dans l'Espace. Mais, d'un autre côté, nous apprécierons aisément que ces mêmes masses éthérées ont sur le soleil, monde encore fluidique puisque pas condensé, l'influence qu'elles n'ont pas sur les mondes matérialisés et habitables ; le sursaturant, elles imprègnent ses rayons astralisés (1) et, à l'aide de la sympathie naturelle reliant les planètes à lui-même, elles pénètrent l'espace astral des globes et parviennent à la croûte planétaire, à la croûte terrestre par exemple.

Là, le rayonnement se continuant sans fin, l'éther central se trouve attiré par celui plus puissant des rayons solaires et parvient à la surface qu'il vivifie ; c'est alors que l'on peut dire que les minéraux et les végétaux *ne vivent pas du soleil, mais bien de leur planète, de son fluide et de sa chaleur.*

Dire encore que la plante faite de la matière terrestre vit du fluide solaire et non pas du fluide central, serait la même chose que de croire que chez l'homme, ce n'est pas l'âme qui vit et commande au corps, mais la force (2) intérieure et passive qui relie et fait se communiquer les pensées humaines ; et

---

(1) À la fois universel et éther puisque ces deux fluides sont unis et mêlés dans la création d'un monde.
(2) Force périspritale ou astrale.

vous savez parfaitement que cette force, sans intervention de l'âme, personnifierait la mort autant que le corps lui-même.

L'homme peut ainsi présumer pourquoi les plantes d'un pays dégénèrent et périssent dans un autre, quoiqu'on leur produise des chaleurs artificielles et équivalentes. Transportées en un point de la planète subissant une attraction solaire plus ou moins vive que celle à laquelle était soumise leur place natale et n'y trouvant plus une quantité égale de fluide terrestre central, elles dépérissent et meurent....

... Comme vous pouvez en juger, chers amis, des comparaisons plus élevées m'eussent été d'une aide importante pour le développement de ce sujet. Néanmoins, pour rendre cette étude à la portée de tous nos frères, quels qu'ils soient, j'ai préféré ne m'exprimer que par de simples allusions pouvant être remarquées par tous et toujours. Connaissant suffisamment à fond la vie terrestre pour savoir qu'aux côtés des savants et des érudits, passent ces frères que les circonstances éloignèrent de l'étude, nous nous efforçons constamment à rendre nos explications bien compréhensibles et préférons même pour cela nous répéter en des phrases lourdes mais simples.

D'ailleurs, chacun devrait comprendre que le Créateur ayant conçu ses œuvres dans la simplicité la plus sublime, il est du devoir de ses créatures de demeurer dans la voie du simple.

Ceux qui ne veulent se soumettre à cette loi voient toujours venir un temps où ils deviennent d'autant plus petits, d'autant plus hommes, qu'ils avaient voulu se grandir !

LERMON,

Grand prêtre de l'Inde Antique.

La Végétalisation de l'âme minérale

Toute chose étant possible et réalisable dans l'œuvre de Dieu, rien ne devrait étonner votre raison ni vous porter au scepticisme.

Que l'homme se pénètre donc de ces mots et s'abstienne de rire avant d'avoir cherché le fond de nos révélations ou de quelqu'autre sujet pareillement sérieux ....

... Vous avez appris, chers amis, que la Terre n'est pas le seul monde habité existant dans l'Infini, mais un monde au contraire si petit qu'il peut à peine se distinguer dans la grande famille des planètes. Il vous a été dit de même que le soleil est l'intermédiaire direct entre les globes de son système et les forces fécondantes de la Nature.

Donc, apprenez ceci : jamais le terrien ne pourra ni influencer, ni communiquer avec d'autres mondes, avec Mars par exemple, sans porter ses recherches vers le soleil dont les radiations éthérées lui serviront d'intermédiaires....

Passons maintenant à la description de la végétalisation de l'âme du globe.

Vous devez vous souvenir qu'attirées par les forces éthériques supra-astrales, autrement dit, par la médiation solaire, les parcelles centrales (1) désagrégées de leur tout remontent vers la croûte où elles se logent dans les minéraux, en qui elles apportent une vie indistincte et générale. Donc, quand elles se sont fixées et ont vivifié la pierre, l'universel condensé le plus proche de leur saturation négative et fluidifiante, le plus atteint par leur contact, s'allège ; puis, par la loi d'attraction (2), il se filtre et remonte sous la poussée des mêmes parcelles d'éther qu'une autre partie centrale, nouvellement détachée de son tout au moyen de la continuité attractive extérieure, relance vers l'Espace. Enfin, comme tout ce qui est de même nature subit une attraction réciproque, les parcelles universelles allégées (3) et parvenues à la surface de la croûte s'attirent entre elles et s'unissent l'une à l'autre.

Dès ce moment, directement saturées par la couche astrale, elles se trouvent peu à peu vivifiées par des atomes d'éther d'une puissance harmonisée à la leur, et lorsqu'une union est suffisamment réalisée et forte pour résister à la poussée de cet éther qui la pénètre, ce dernier fluide, attiré toujours plus haut par l'action solaire que vous connaissez, fait s'élever légèrement au-dessus du sol les parcelles allégées et unies puis les fait croître en autant de masses infimes et impercep-

(1) Parcelles d'éther central.
(2) Par loi d'attraction, j'entends dire ici que les parcelles allégées sont attirées par les matières plus légères de la surface, comme, par exemple, le liège remonte au-dessus de l'eau dans laquelle on le plonge. (Note de l'Esprit.)
(3) Ne pas confondre les parcelles universelles *allégées* avec les parcelles d'éther centrales *qui les ont allégées*. (Note de l'Esprit.)

tibles que lui-même compte de parcelles. On peut alors distinguer d'innombrables petites tiges possédant chacune une quantité éthérique d'un accord parfait à elles-mêmes.

Ces tiges forment les lichens, la première manifestation de la végétalité, ces cryptogames qui croissent là où aucune plante ne pourrait résister ni vivre.

L'âme est dès lors végétalisée. Sortie des entrailles de la planète, elle vient animer des matières plus légères, moins denses que la pierre. Puis, la désagrégation continuelle s'opérant, ces parcelles universelles et éthériques végétalisées se répartiront à la surface du globe où, attirées et attirant, elles s'uniront plus fortement, formeront une seule et même tige et deviendront des plantes d'une matérialité toujours plus allégée....

... Vous pourriez vous demander ce qu'est en réalité la mort du végétal ; si les phénomènes qui se produisent ensuite sont identiques à ceux vous concernant.

Certes, non : la mort du végétal est bien différente de la vôtre. Lorsque l'harmonie matérielle est rompue chez la plante, l'éther (l'âme qui, si l'on peut dire, l'animait) demeure affecté au globe tant qu'une autre quantité centrale ne vienne le repousser dans l'Espace. Jusqu'à ce moment, il se tient prêt à animer d'autres végétaux.

Chez l'homme, au contraire, vous savez que l'âme, aussitôt la désincarnation (1) accomplie, quitte le corps et remonte dans l'astralité. La différence est donc que l'âme humaine s'individualise de son corps aussitôt la destruction vitale, alors que l'âme végétale, elle, reste affectée au globe et à la fécondation d'autres végétaux se trouvant à sa portée. Pourquoi ? — En voici l'explication.

L'âme de la plante est généralisée au sol attendu que la matière qu'elle vivifie n'en est pas individualisée et ne peut vivre sans son contact.

Etudiant l'homme, vous verrez que lorsque l'un de ses membres est amputé, le périsprit qui vivifiat cette partie du corps et en portait les sensations à l'âme, ne s'est pas séparé de son tout qui rayonne de la tête. Maints exemples rappellent à ce sujet qu'une souffrance aigüe, ayant existé sur un membre amputé, était ressentie par le patient au même endroit alors

(1) Action par laquelle l'Esprit, aussitôt revenu de ses troubles, se détache de son corps.

invisible. Le membre matériel n'existe plus, mais le corps astral ou périsprit, ce corps fluidique et insécable qui permet à l'âme (par les radiations éthérées qu'elle lance en lui) de commander au corps charnel, conserve la sensation empreinte en son universel fluide et la reporte à la pensée.

Donc, l'âme végétale est ici identique à cette partie périspritale de l'âme humaine qui vivifiait le bras ou la jambe amputés. Elle reste affectée au feu central qui la régit, et se tient prête à continuellement se manifester et vivifier d'autres végétaux.

L'évolution existe chez la plante comme chez tous les autres êtres, et cette évolution est remarquable pour tous. La matérialité change dans chaque espèce végétale comme dans chaque espèce animale : c'est ainsi que vous connaissez des plantes poisons, comestibles, thérapeutiques, etc., c'est-à-dire possédant une matérialité plus ou moins universellement allégée leur permettant de s'harmoniser variablement au corps humain et d'y amener les unes, le calme organique ; les autres, la désorganisation vitale.

... Regarde et observe-toi bien, ô âme humaine, et reconnais-toi en tes lointains états !

GALL.

Le Déluge Prémoteur

A quel rêve fantastique croiriez-vous assister si, comme nous, au lieu de les lire, vous voyiez défiler ces visions que (peut-être heureusement) les vocabulaires médiumniques ne nous permettent pas de rendre. Je dis: heureusement peut-être, car tel l'enfant qui serait né dans un cachot obscur, aurait toujours peine à se représenter les splendeurs de la lumière et de la nature dont sa vue est privée et au milieu desquelles l'homme libre passe presqu'indifférent, telle votre âme, emprisonnée en son corps ténébreux, ne pourrait (peut-être) se pénétrer de ces plus grandes merveilles de l'Espace.

Aussi contentons-nous, pour le présent, d'observer les visions générales des évolutions de votre globe nourricier, et, abandonnant l'âme végétale, remontons vers les jours que vous vivez, pour atteindre le sujet du déluge prémoteur.

Les parcelles minérales allégées par l'éther central s'élevèrent vers l'extérieur de la croûte terrestre où elles formèrent les lichens, la première manifestation végétale sur le sol condensé (1) ; puis, en se rapprochant, elles produisirent les végétaux de supérieure grandeur.

Il vint un temps enfin où, les eaux reflétant la couleur des cieux, le globe revêtit un manteau de verdure et prit l'aspect d'un vaste pré.

Ames humaines d'aujourd'hui, nous étions alors les âmes du silence. Par l'impulsion de notre sève, nous lancions vers les cieux nos tiges faibles ou rigides et plongions nos feuillages dans la clarté fécondante des rayons solaires, apportant ainsi au sol d'inutiles ombrages.

Mais la Terre devait bientôt sortir de sa torpeur paisible et sa matière, s'individualiser en même temps que l'âme centrale.

(1) Il est à remarquer que la végétalisation des matières minérales est toujours plus rapide dans les régions marines, pour cette raison que la croûte est là moins épaisse que partout ailleurs. La même remarque se fait du reste pour l'animalisation de l'âme végétale qui s'opère avant qu'aucun mouvement même ne se révèle sur le sol. Malgré cela, on aurait grand tort de croire que la vie animale naît dans les océans. (Çakia Muni.)

Elle allait devenir la créature qui sent fuir le calme du songe
et s'éveiller en elle les sens de la pensée et du corps.

Des troubles supra-astraux se produisirent en effet, et le
fluide astral supérieur et plus léger, se trouvant relancé vers
les masses inférieures et plus denses de l'Espace terrestre,
s'y dispersa et s'alourdit à son tour. Il en résulta donc une
surabondance de fluides, lesquels, se resserrant et vibrant entre eux, se semi-condensèrent, se vaporisèrent et devinrent
d'énormes masses aqueuses; celles-ci reculèrent de plus en
plus devant la saturation toujours augmentée du fluide allégé
supérieur et inharmonique à elles-mêmes, et se rapprochèrent
continuellement du sol où, les courants du fluide solaire les
entraînant, elles s'abattirent.

Ce fut un déluge sans en être un : dans un déluge réel tous
les éléments sont en action, tandis que dans celui-ci, que nous
appellerons déluge prémoteur pour cette raison que par lui
se produisit le mouvement individuel sur les parties solides
du globe, seules la pluie (1) et les eaux jouèrent un rôle : celui d'unir la matière condensée la plus légère aux fluides astraux.

... Après s'y être abattue, la semi-condensation astrale ou
pluvieuse pénétra et pétrit le sol ; puis, l'attraction éthérée
supérieure s'opérant irrégulièrement à cause des troubles supra-astraux, le feu central lui-même s'agita ; des poussées et
des chocs se produisirent en lui, et, ses vibrations inharmo-
niques se reportant à travers la croûte, les eaux furent agitées
par un puissant remous. Enfin, la communication des forces
astrales et centrales étant rompue, les marées n'eurent plus de
limites.

Bientôt le globe fut recouvert par la semi-condensation et
prit alors l'aspect d'une boule liquide, d'une immense goutte

(1) Les pluies sont toujours causées par une surabondance fluidique provoquée par des troubles supra-astraux qui repoussent vers le globe les
fluides de l'astralité supérieure. Est-ce là ce qui fait dire à la raison humaine : « Le temps est bas, le temps se relève, le temps est trop haut pour
qu'il pleuve ? » Peut-être. Que de vérités on trouve en toutes ces réflexions
sur la nature, si simples, mais si profondes, émanant le plus souvent des
ignorants et des humbles. De plus, une remarque judicieuse nous montre
que :
Les temps pluvieux ou *troubles astraux du globe*, sont toujours funestes
aux maux nerveux ou *troubles astraux du corps*.
                                                      Çakia Muni.

d'eau. Quelques parties de terre qu'aujourd'hui vous appelle-
riez îlots, représentaient çà et là tous les continents.

Par cette saturation astrale et liquide, la matière superficielle de la croûte terrestre s'allégea ; puis, l'attraction solaire
se reformant par le rétablissement de l'harmonie de l'Espace
et rappelant, par l'évaporation, les fluides astraux dans l'ambiance du globe, ces derniers emportèrent, attachés et unis à
eux, d'autres fluides désagrégés ayant appartenu à la masse
condensée plus légère ; de cette façon, des fluides universels
et éther, précédemment généralisés à leur tout, se trouvèrent
astralisés, s'individualisèrent et purent puiser dans l'Espace
le mouvement et la vie. Dans la suite, ces désagrégés astralisés absorbèrent d'autres fluides non astralisés et les métamor-
phosèrent partiellement en leur nature, tout comme les animaux gardent de leur nourriture la partie suffisamment légère pour s'unir à leur corps et pour se confondre à la vitalité
individuelle et astralisée qui leur est propre.

A ce sujet, les matières conservées par le corps de l'animal
s'allègent et nourrissent en lui toutes les molécules qui, se
désagrégeant, vont former la vie microscopique dans l'Espace, de sorte que, dans tous les êtres, la matière s'animalise
peu à peu.....

....

... Aussitôt individualisées, les parcelles désagrégées mêlées à l'évaporation astrale demeurent dans l'Espace, s'y
rapprochent, comme jadis elles l'on fait pour la végétalisation
universelle et éthérique, et s'unissent d'autant plus facilement
qu'un changement s'est opéré en leur nature : étant également
saturées par le fluide astral, ce fluide qui, en lui même, réunit
leurs différentes essences, elles peuvent s'unir communément
et indistinctement et s'harmoniser d'elles-mêmes. Dans la
suite, ayant, en s'unissant, influence l'une sur l'autre, elles
acquièrent le mouvement animal et deviennent les microbes,
ces intermédiaires entre la plante et l'animal, ces animalcules
que vous croyez des algues pour cette juste raison qu'ils sont
des atomes végétaux désagrégés qui, en se confondant à d'autres et par la saturation astrale, se trouvent en voie d'animalisation.

Voici, mes amis, la première manifestation de l'habitabilité du globe terrestre.

J'ajoute le dénominatif *terrestre*, parce qu'il y aurait peut-

être grand tort de croire que les effets du rayonnement de la
vie sont identiques sur tous les globes : les enfants grandissent, mais non pas tous dans les mêmes souffrances ni les
mêmes convulsions.

... Je repars vers l'Espace. Dieu fasse que nos voix soient
entendues de ceux qui cherchent le bien, l'amour et le bonheur !

Au revoir !

ÇAKIA MUNI.

L'animalisation progressive de l'âme

A vous qui avez su vous orienter vers l'illimitable voie des grandes vérités et qui nous livrez votre temps et vos forces pour le réveil (1) de l'âme humaine, salut !

... Mon désir ce soir est de traiter de l'animalisation de l'âme.

Vous connaissez les conséquences de ce déluge prémoteur qui sévit sur Terre après le règne supérieur du végétal. Les parcelles universelles pouvant s'élever bien au-dessus de la croûte et s'unir aux parcelles d'éther, il y eut production de vie, d'une vie toujours plus large.

Les microbes ainsi créés avaient une existence très courte mais cependant plus longue qu'aujourd'hui : c'est pourquoi je ne la dis pas éphémère. D'une constitution plus dense, par conséquent plus résistante, plus forte, l'harmonie vitale pouvait en eux se maintenir davantage. Puis, lorsque la désharmonie mortelle survenait, les atomes de leur corps minuscule vivaient à leur tour individuels et multipliés, de telle sorte

---

(1) Ce mot réveil est bien celui qu'il convient d'usiter en ces heures de doute. Il faut en effet que l'homme sorte de ce rêve absurde qui, en lui faisant croire à l'infaillibilité de certains êtres, le rend tardif dans ses recherches et aveugle dans son scepticisme.

Certes non, aucun terrien quel qu'il soit, fut-il même désincarné, ne peut être infaillible, la partialité ne devant, sous aucun prétexte, être attribuée à Dieu.

Le Créateur, par ses fluides puissants, atteint toutes ses créations, mais aucune d'elles expiatoires ne pourrait, par sa grossièreté, s'allier à cette influence pure et divine et entrer en communication directe avec elle.

Que les terriens sachent donc dès ce jour que leurs désirs sont insensés quand ils évoquent des âmes de l'au-delà pour en obtenir des prédictions et des jugements immanquables. Bien au contraire, si un esprit vient à eux, soi-disant pour leur apporter des réponses infaillibles, il les trompe indubitablement.

Nous vous le disons : ce que nous décrivons aujourd'hui deviendra un jour plus grandement tracé, plus sublimement apprécié.

A présent déjà, nous savons bien plus que nous ne pouvons vous en dire car, hélas ! communiquer trop notre savoir serait buter et retarder encore l'avancement humain, pour cette raison que possédant alors de trop vastes horizons, vous n'arriveriez plus à reconnaître les fantastiques inventions des moqueurs *infaillibles* de l'au-delà.

LIANA.

que, s'unissant maintenant, se séparant ensuite et se rapprochant encore, ils finissaient par former des microscopiques de différentes grandeurs.

C'est d'ailleurs de cette manière que la reproduction s'effectuait chez ces atomes vivants, et si l'on eut coupé l'un d'eux, chacune des divisions obtenues eût vécu tout autant que dans la réunion totale, puisque possédant toujours sa juste part éthérique.

S'unissant progressivement, les microbes, quelle que soit leur grandeur, se rapprochèrent toujours et atteignirent une vie plus stable, plus durable. Ils devinrent d'abord d'infimes insectes presqu'aussi microscopiques que les premiers, mais cependant à peu près libérés de l'apparence végétale. Dans la suite les formes grandirent et parvinrent au degré des insectes du sol, plus visibles, et enfin à celui des rampants de plus en plus robustes.

Tel vous observez les lichens pour la végétalisation ; tel aussi vous constatez l'union des polypes du corail, — tel vous devez vous représenter cette union animale qui parviendra à la formation des corps les plus puissants.

Dès ce moment, les animaux marins eurent une vie moins latente et les rampants, c'est-à-dire les animaux inférieurs, ceux qui ne peuvent élever leur corps au-dessus du sol auquel ils semblent en partie *généralisés* encore, furent développés par la saturation *attractive* (1) qu'exerce l'astralité sur l'âme des corps :..... des animaux plus forts, grossièrement et courtement membrés, d'apparence hideuse et lourde (2), apparurent.

Ce fut à l'apparition des insectes que la procréation animale se dessina. Les désagrégeants des animalcules furent attirés par leur essence propre (3) et se divisèrent en ces deux natures distinctes qui personnifient les deux facultés. Donc les animalcules se réunissant ensuite pour la reforma-

(1) Nous retrouvons cette même attraction dans la végétalité où, attirant l'éther, les radiations solaires mêlées à l'astralité font croître les tiges (Liana.)

(2) Au sujet de l'apparence des corps, il est à remarquer que plus le corps astral d'un être s'allège et se subtilise, plus l'attraction astrale de l'Espace a prise sur lui et le développe d'un aspect moins pesant.

C'est ainsi que bien souvent, par la grossièreté des traits et des aspects du corps, on devine la forme et le caractère de l'âme d'un homme. (Liana.)

(3) Vous savez que tout est attiré par sa semblable essence. (Liana.)

tion, n'en possédaient fréquemment qu'une que l'instinct du rapprochement microbique (habituel) qui demeura inné chez tous les êtres et de tous temps, fit se confondre avec la seconde.

Cependant, quoique la procréation se produisit ainsi, l'union microscopique n'était aucunement diminuée, et de temps à autre surgirent de nouvelles formes animales, pour la plupart ignorées des connaissances humaines d'aujourd'hui.

Appréciez, chères âmes, ces grandeurs créatives, ce lointain passé de l'animalité, de nous-mêmes !..... Ce n'est que voyant plus sublime que ses œuvres que l'homme parviendra enfin à pressentir son infériorité réelle.

LIANA.

L'évolution animale

Voici bien longtemps que Vianey et moi ne sommes venus communiquer avec vous. Cependant, quoique notre abstention dans les groupes où nous avons habitude de nous manifester, soit souvent, auprès des membres, un signe de notre éloignement pour leurs torts et leur égarement de la voie droite et charitable, soyez certains que ce cas n'est pas le vôtre. Nous ne pouvons qu'être heureux de voir que nos conseils et nos encouragements à l'œuvre de bien ne furent pas vains (1) et que l'épreuve (2) ne vous a pas détourné d'une tâche qui sera, cher médium, un véritable hommage à votre jeunesse ! Aussi, ce n'est que pour permettre à vos amis de l'au-delà de vous donner leurs études que nous avons tant tardé......

....

... Douces heures du présent que le soleil apporte en chacun de ses rayons d'or, merci ! Vous réalisez mes vœux du passé ! Dans un instant, déjà vous aurez fui vers un autre horizon, vers l'oubli... Si au-delà de ce voile, vous atteignez et retracez nos pensées et nos actes à Celui qui créa nos âmes et fit l'éternité dont vous n'êtes que de simples poussières, portez-lui notre faible amour, notre reconnaissance !....

....

... Quoique nous ne nous communiquions pas, nous assistions à vos séances d'études et nous savons que nos frères de

(1) L'Esprit rappelle les anciennes communications où, ainsi que l'Esprit Vianey, il se montra véritable protecteur.
(2) Il fait allusion ici au procès qui me fut intenté.

l'Espace vous ont initiés à la vie de la Terre jusqu'au jour où le règne animal se fut définitivement affirmé par la réunion microbique.

Donc, à partir de cette époque, l'évolution se fit et s'accentua chez l'animal; les instincts se développèrent davantage chez certaines familles; l'oisiveté contemplatrice qui immobilisait toute l'animalité près des eaux décrut, et quelques espèces chez qui le mouvement s'exerçait de plus en plus, s'éloignèrent des rivages, au-dehors du centre nourricier, c'est-à-dire cette limite qu'aucun animal n'avait franchie encore. D'ailleurs, ils n'avaient guère à bouger pour trouver leur nourriture qui était toute végétale: fertilisé par les eaux et d'une fécondité centrale incomparable à celle de nos jours, le sol reproduisait les végétations aussi hâtivement qu'il semble permis par la Nature.....

....

... Ah ! humain, réfléchis et ne nie plus l'existence d'un être supérieur, harmonie des harmonies! Observe ces temps lointains où, l'animalité n'ayant encore acquis la souplesse du mouvement, la Nature formait en son sein la nourriture des êtres et la leur offrait comme le ferait une mère à son fils. Puis reviens à nos jours et vois l'animal: si, à l'opposé du passé, il se meut aisément, il doit par contre chercher la nourriture dont sa mère Nature l'a sevré. C'est alors que tu peux remarquer que la constitution des corps s'harmonise toujours avec les besoins, l'emplacement des matières profitables à l'organisme et le climat des lieux où vit l'animal......

....

... Je vous disais tantôt que certains animaux primitifs sortirent des centres nourriciers et atteignirent d'autres régions.

C'est précisément de là que se dessina la différence évolutive de l'instinct, de la pensée animale.

Une famille se supériorisa particulièrement: devenue plus agile par le mouvement, son instinct fut de régner et d'imposer ses lois aux autres animalités qui la regardaient comme la réunion d'êtres plus forts.

Comparant cette époque à la nôtre, que pouvons-nous le mieux incarner chez ces créatures d'un instinct dominateur, si ce n'est l'humanité en son germe, cette humanité dont la seule pensée semble avoir été toujours d'assujettir le faible, les races retardées, et de soumettre l'animal qui, captivé, trahit en ses regards le regret de sa liberté perdue ; et cet être grossier, à l'aspect noirâtre, aux yeux petits brillant dans une tête forte et difforme, aux membres lourds, très courts et faibles, qui rampe sur le sol, prévient bien plus encore l'homme lorsque l'on suit les mouvements de sa race à travers les temps.

D'un nombre bientôt supérieur aux autres êtres, il leur interdit les contrées où il s'est réfugié, où il a érigé son camp..... Et nous voilà déjà établissant notre droit de propriété.

Il sema ainsi la désharmonie parmi les autres animalités jadis si paisibles, si inoffensives, car, pour l'imiter, elles voulurent des contrées pour elles seules et parfois alors, l'entente détruite, elles s'entretuaient avec une lenteur inhérente à leurs mouvements et conservaient en elles, la haine des races adversaires.

Cette désharmonie, franchissant les temps et les siècles, nous explique, d'abord : la haine envers l'homme passée de de génération en génération chez les animaux sauvages; et ensuite : la soumission de vos animaux domestiques qui, plus évolués, comprennent le progrès et la supériorité de la race humaine.

Voilà, homme, quel fut ton passé ! Apprécie cette œuvre de discorde que tu répandis en germant et qu'aujourd'hui encore, tu portes sous les clartés du flambeau de ton progrès!

Amis, je vous quitte en vous disant : courage.

Dr DEMEURE,

Esprit protecteur.

Pourquoi est-il certain que la TERRE fut un monde meilleur ?

Comme mon frère Demeure vient de vous le dire, nous sommes heureux, chers amis, de vous voir suivre une aussi droite voie. Nous assistons à toutes vos séances et, si vous le voulez, nous allons reprendre ce qui a été dit jusqu'ici afin que vous puissiez vous le bien assimiler.

Vous avez vu d'abord ce qu'est la formation d'un monde : une comète qui se fixe et se condense.

Douter que la comète est un monde en voie de création serait, ou ne pas approfondir les données qui vous furent faites, ou vous renfermer dans un trop grand scepticisme. La lumière n'est-elle pas en effet toujours produite par une matière non condensée ou décondensée La flamme que vous provoquez journellement, n'est-elle pas le résultat de l'usure des combustibles, de leur anéantissement partiel ? La solution de ces questions ne peut être qu'affirmative, et il suffit d'observer un bloc de charbon dans un foyer, pour se convaincre qu'il s'annihile au fur et à mesure du rejet de sa flamme, de l'extraction de sa quantité éthérique.

Vous savez à ce sujet que l'éther, en s'amalgamant à l'universel, forme la nature première des mondes et que, d'autre part, entrant, après la condensation, en contact inharmonique avec la matière, il devient la négation de celle-ci qu'il réduit alors en universel primitif (1).

Pendant la combustion, l'éther affecté au charbon s'échappe de celui-ci, use à son passage les parcelles condensées qu'il atteint, les volatilise, les transforme en gaz qui, s'unissant à l'atmosphère, deviendront de plus en plus subtils jusqu'à l'universalité (2) primitive. Ceci nous est du reste confirmé par la perte de poids et de volume qui, subie par le combustible, donne lieu à cette conclusion. Quelque chose à présent invisible, mais tantôt pesant et palpable est disparu.

(1) Fluide universel pur, c'est-à-dire non soumis à aucune condensation.
(2) « Universalité » est employé dans ce sens. Qualité, nature du fluide universel.

S'il y avait poids, il y avait matière, et cette matière ne se retrouvant pas s'est incontestablement réduite en gaz, en fluide, en un fluide impondérable. Pour cela, il faut absolument que quelque chose, en s'extrayant d'elle, l'ait anéantie et fluidifiée ; et cette chose formait la flamme, la masse éthérique du charbon.

Cette flamme est en quelque sorte l'image du feu central qui, à la moindre attraction extérieure et supérieurement inharmonique des régions éthérées pures, s'échappe et se projette hors des volcans, emporte et lance des blocs rocheux qui, comparativement au volume de la Terre, ne sont pas plus que les poussières du charbon de vos foyers, et rejette dans l'Espace l'universel condensé qu'il a fluidifié en ses troubles.

Il n'est donc pas extraordinaire qu'un globe subissant des attractions de beaucoup supérieures à sa puissance condensée, se désagrège entièrement, comme cela vous a été décrit au sujet de l'origine de la Terre, s'anéantisse matériellement et devienne une lumière, une flamme mobile.

Enfin, avant d'abandonner ce sujet, disons encore qu'il serait irrationnel de croire que la comète est un astre condensé : sa masse est trop diaphane, trop transparente pour appartenir à un monde accompli et formé. Par conséquent, si la comète n'est pas un globe condensé, elle en est certainement un en formation qui voyage et cherche sa demeure future et séculaire....

....

Si nous reconnaissons que la flamme, par l'usure universelle qu'elle produit éthériquement, rend la matière en sa nature première, nous devons, par déduction, juger plausible que *les masses anéanties peuvent devenir d'autres matières, d'autres masses futures*, puisqu'elles retournent en ce même état (1) qui précédait leur formation. En ce cas, il est compréhensible que le globe, par un même mécanisme que dans le passé, peut devenir un monde nouveau.

La vie des planètes est identique à celle de toutes les créatures, et si l'homme (ou l'animal) qui vit de leur matière, meurt pour renaître, elles-mêmes ne peuvent se détruire pour ne plus reparaître. Au contraire, leur âme générale s'amalgame et se *réincarne* en d'autres globes que leur matière fluidifiée

(1) Universel pur.

reforme un jour après avoir lumineusement sillonné les Espaces.

Vous avez appris que la Terre avait été jadis un monde supérieur. Dire que cette même planète est au contraire un globe créé directement dans sa condition expiatoire actuelle, serait nier l'état infini du Créateur qui, certes, dans son harmonie suprême, n'a pu concevoir Lui-même cette souffrance que nous ne devons qu'à nous seuls... à notre orgueil.

... Non... la douleur n'est pas l'œuvre de Dieu car, nous vous le disons : *Il est l'Amour Parfait et Infini.*

Sachez justement ici que l'amour amène l'attraction ; l'attraction fait l'union ; l'union produit l'harmonie ; l'harmonie crée la puissance et que la puissance nous montre l'Infini.

....

Dans sa jeunesse, l'enfant peut vivre et jouir du bonheur que ses parents tentent de faire rayonner autour de lui, sans que pour cela, devenu adulte, il puisse éviter et échapper à la douleur, au désespoir, à la misère, aux conséquences de ses fautes, à toutes ces peines enfin que malgré leurs efforts les plus grands, ses parents ne peuvent écarter.

Donc pourquoi l'exemple de la petite famille terrienne ne se reporterait-il pas sur celle si grande de l'Infini dans laquelle les mondes sont, en quelque sorte, les enfants de Celui qui, infiniment bon et pur, n'a pu les créer que dans le bien et le bonheur ? Et véritablement, amis, les créatures des mondes expiatoires et déchus ont elles-mêmes transformé leur séjour meilleur en celui actuel. Leurs pensées et leurs volontés ont brisé l'harmonie qui reliait leur globe à l'Amour Parfait, et leur influence a fait dévier un des grands mécanismes de cette création inaccessible à notre raison.

En conséquence, si nous reconnaissons que l'Harmonie des harmonies n'a pu créer en son essence, les globes mauvais et expiatoires, il nous faut convenir aussi que vous qui souffrez sur Terre, que nous qui y avons pâti, que tous enfin, nous avons vécu sur ce monde heureux où nous étions ces âmes bonnes et pures que Dieu avait créées.

Quant à comprendre la cause de cette chûte que, d'après vous, Dieu nous infligea par vengeance, recueillez-vous et interrogez votre justice personnelle. Toléreriez-vous que vos enfants recherchent ou fréquentent des amis mauvais ou vicieux ? Sans nul doute, non ! Donc, Dieu ne pouvait permettre que nos âmes fautives demeurent dans l'ambiance des mondes heureux et purs, dans l'harmonie complète, puisqu'elles étaient en état de faire rayonner leur désharmonie sur d'autres globes en y engendrant leurs affections spirituelles comme les corps s'entredonnent leurs maladies contagieuses. Même pour notre bonheur personnel, il Lui était impossible de ne pas empêcher que ses créatures demeurent dans l'erreur. Ce fut alors cette métamorphose toute évolutive que vous subissez aujourd'hui et qui souvent vous pousse à prononcer des blasphèmes, tandis que vos paroles ne devraient exprimer que de la reconnaissance.....

...Ces derniers mots sont insensés ! jugera peut-être l'homme. Patience. Qu'il réfléchisse et un jour viendra où il appréciera mieux cette reconnaissance qu'aujourd'hui je cite et que sa douleur charnelle lui fait méconnaître.....

Des troubles astraux puissants se déchaînèrent sur la Terre du Bonheur et sur les globes contaminés ; tout s'y désagrégea, et la planète, redevenue en fusion, fut relancée et attirée dans l'Espace, s'arrêta et se recondensa. Nous redevînmes âmes, mais âmes souffrantes..... Le Créateur avait cependant versé en nous un baume : *l'oubli* qui nous fit ignorer nos fautes et notre état premier, toutes connaissances qui, en réalité, n'eussent été pour nous que remords et regrets douloureux....

... Enfin la vie d'oubli nous pénétra et nous nous mîmes inconsciemment à réacquérir petit à petit, cette essence première qui est encore si loin de votre monde.

Evoluâmes nous vraiment du minéral à l'homme ?

Le non-souvenir de vos divers états successifs provient justement de cet oubli auquel je viens de faire allusion et qui fait que l'homme doit grandir et réapprendre par sa propre raison.

Comment nieriez-vous d'ailleurs les existences antérieures sans contredire cette parole de Christ qu'un de vos amis d'extra-Terre vous citait l'autre jour: « Avant qu'Abraham fut, j'étais ». De plus, vous rendez-vous bien compte qu'en rapport de vos connaissances du jour, ne pas croire à la succession, à la pluralité des existences, serait attribuer l'Injustice à Dieu. Les découvertes de vos savants vous révèlent qu'il existe d'autres planètes où les jours et les années sont de double durée que sur la Terre. Donc, mes amis, s'il n'existait pour vous qu'une vie, qu'une seule incarnation, sans cette ressource de renaître encore, les habitants des planètes où la vie est double auraient plus de chance de s'améliorer que vous qui avez à peine le temps de vous reconnaître ici bas, dans l'hallucination des épreuves......

....

Par la faute, nous avions perdu l'amour de l'âme. Il fallait alors que nous le réacquérions et le pouvions-nous mieux que par l'adversité et les épreuves les plus fortes et les plus accablantes... : hélas ! il n'était plus en notre pouvoir de comprendre le miséreux et de sentir nos âmes vibrer encore devant son malheur, sans passer nous-mêmes par les diverses phases de l'expiation... Pouvions-nous aussi mieux détruire notre orgueil que par l'humiliation à nous infligée par les grands éphémères, qui ne sont en somme que de simples instruments de la Justice Divine et qui peut-être demain renaîtront dans l'abaissement ? Nous était-il possible enfin de nous assimiler à la vie de la Nature sans traverser les diverses étapes qu'elle nous offre, depuis la pierre insécable jusqu'à l'état de l'âme la plus élevée d'un monde ? Non, et c'est bien par nos évolutions, nos épreuves et nos luttes qu'à nouveau nous nous sentirons emportés vers les Espaces du pur, de l'Amour et du Bonheur !

Les temps en passant vous ont déjà soumis à certaines progressions. Le soleil qui, pour le globe, est ce que l'atmosphère et l'astralité sont pour vos corps, c'est-à-dire qu'il attire la vie centrale vers la croûte planétaire, comme l'astralité de l'Espace attire dans les tissus charnels la vitalité et le mouvement périspritaux ; le soleil, dis-je, a extrait vos âmes de l'âme générale de la Terre, et vous voici parvenus à l'état d'âme raisonnante et humaine, après avoir connu les divers états vitaux du minéral, de la plante et des animalités.....

....

... Apprenez, ô mes frères, à aimer la nature ! Quand, le matin, vous cueillez une fleur toute fraîche de rosée, une fleur qui, dans vos doigts, s'épanouit parfois encore ; lorsque vous voyez le chien fidèle caresser les mains qui tantôt l'ont battu, comparez l'évolution car ils en sont l'image. Comprenez l'amour naissant et craintif qui ne fait, chez la fleur, que chercher et se donner aux chaudes caresses du soleil, et appréciez l'amour déjà puissant qui, chez le chien, cherche la paix et l'union de tous les êtres !.....

VIANEY, curé d'Ars,

Esprit protecteur.

LES TEMPS DILUVIENS

Le Déluge Premier et la Métamorphose Matérielle

Vous êtes instruits à présent de tout ce que comprend la préparation d'un monde. Vous avez eu les descriptions du lancement de la comète, de sa traversée des Espaces, de sa fixation, de sa métamorphose en monde condensé ; puis, celle de l'extériorisation de l'âme générale, de la minéralisation de cette âme centrale, de sa végétalisation, de son animalisation. Vous avez vu enfin l'évolution animale, et puisque la jeune planète commence à rayonner, à influencer (1) après l'avoir été elle-même, nous allons suivre ses premiers pas dans la vie et assister à ses principales révolutions et convulsions.

Commençons donc par la reconstitution du premier déluge.

Tout se dessécha d'abord sur la Terre, supprimant ainsi la nourriture coutumière de l'animalité. Puis, à la sécheresse succédèrent des inondations, des envahissements marins, des grondements astraux, des convulsions du globe, des éruptions centrales.... Tous les éléments se déchaînèrent.

Le sol se souleva de part en part, comme si un immense reptile l'avait ondulé sous l'impulsion de chacun de ses mouvements. Tout fut retourné, entremêlé. La vie disparut et sembla même n'avoir jamais existé sur votre globe. C'est qu'en effet, la puissance centrale étant encore dans toute son intensité, la force des convulsions, des éruptions dépassa tout ce que l'on peut imaginer et il ne resta plus, après ce déluge, aucune trace, ou à peu de chose près, de la nature, de la vie, du globe, de l'époque précédente. Il sera du reste remarquable qu'à chaque révolution de la planète, les phénomènes diluviens diminueront d'activité.

Pendant la durée entière du déluge, la Terre prit encore l'aspect d'une immense surface d'eau s'agitant violemment par endroits, se creusant parfois pour faire place à de gigantesques gerbes de feu, pour donner passage à des blocs énormes qui s'élevaient à des hauteurs incroyables et faisaient,

(1) Voir plus loin : chapitre des Influences Planétaires, page 73.

en retombant, bouillonner les eaux sous l'influence de leur chaleur excessive.

Au moment où les éléments se calmèrent et où les troubles disparurent, la sécheresse se refit démesurée. L'eau diminua avec une promptitude très accentuée, découvrant des ondulations, des gouffres que remplissaient les eaux agitées encore par les vibrations intérieures. Ces ondulations étaient des montagnes qui s'étaient formées à cette époque où l'on croyait voir le sol se soulever sous les impulsions d'un serpent fantastique.

Les surfaces condensées s'élargissaient à chaque instant; les îlots, réapparus après le déluge, devinrent des îles qui, se reliant entre elles, formèrent de petits continents.

Il est dès lors facile de se rendre compte que la matière s'est fort allégée jusqu'aux profondeurs les plus extrêmes où le déluge semble être venu jeter un voile sur le passé, sur l'enfance de la planète....

L'harmonie se rétablit et la vie se recrée. On voit les végétaux devenus plus souples et moins grossiers. Puis, la désagrégation s'opérant de nouveau, en peu de temps, comme sous une action féérique, les *corps* microbiques reparaissent et les animalités renaissent moins rudes et plus mobiles. Par contre, la résistance matérielle s'est de beaucoup amoindrie ; les existences sont en durée diminuées de moitié et d'autres formes animales surgissent.

En somme, pour résumer, tout le globe est métamorphosé et, dès ce moment, la vie reprenant son cours, toute cette époque que viendra achever un futur déluge, s'écoule dans une nouvelle évolution.

Elevez avec moi votre pensée vers l'Infini Amour et cueillons ensemble, en notre patrie perdue, quelques roses du souvenir ! A bientôt.

MEUDON,

Guide guérisseur et protecteur.

Le Deuxième Déluge et son évolution

(*Avant la séance, une conversation sur la charité s'était engagée entre les membres de notre groupe. Voici ce que l'Esprit Héroan nous dit à ce sujet.*)

... Comme vous feriez plus de bien, mes amis ; comme vous

sèmeriez plus de bonheur autour de vous, si vous faisiez partager à l'âme un peu de votre charité dont ne profite que le corps. L'âme veut et demande, elle aussi, un peu de nourriture. Donnez-lui donc un peu de ce pain qu'est l'amour..... de ce pain qui lui montrera toujours préférable au mal et au désespoir, le droit chemin dont elle s'éloigne quelquefois.....

....

Vous avez appris que le premier déluge avait apporté à la matière une légèreté plus accentuée et une locomobilité plus grande que celles amenées par le déluge prémoteur. Il vous a été démontré aussi que, par ses convulsions multiples, le globe s'est transformé, ondulé par endroits, et que les surfaces solides de sa croûte s'étaient plus étendues que par le passé. Il vous a été dit enfin que les corps locomobilisés et individuels étaient devenus d'un aspect moins grossier, moins hideux, ce qui ne les empêchait cependant pas de demeurer encore dans la classe des rampants, ces animaux les plus inférieurs.

Chose remarquable : *les corps grandissent, s'assouplissent, et les existences diminuent de durée.* Voici pourquoi :

A PROPOS DE LA DURÉE DES EXISTENCES. — Sachez d'abord que le corps charnel ne permet qu'une évolution relative à sa propre constitution, et que la diversité de la durée des existences provient de ce que l'organisation des corps ne s'harmonise pas toujours également à l'état des âmes, cela d'autant moins qu'il est rare de trouver plusieurs êtres d'une même élévation et ayant une même importance d'épreuves à subir.

... Admettons par exemple que deux organismes, d'une même force chacun, aient à incarner deux âmes d'une très grande différence évolutive. Si la première âme s'est beaucoup *allégée*, elle produira au corps plus *lourd*, une vitalité négative. Au contraire, si la seconde est encore grossière et passionnelle, elle s'assimilera mieux à la matière.

Ceci explique comment un homme bon, charitable et d'un Esprit élevé éprouvera souvent des souffrances plus grandes que l'homme brutal et arriéré qui, lui, apportera à son corps un fluide astral et une volonté plus matériels et par conséquent plus harmoniques. Prenez donc courage, frères qui souffrez. Ne niez pas Dieu, ne le blasphémez pas parce que le méchant semble avoir une vie plus heureuse, plus douce que la vôtre.

Et vous, parents, ne pleurez plus ce jeune fils que la mort

vous a ravi; son bonheur dans l'au-delà est peut-être plus grand que celui qu'il aurait atteint en demeurant encore sur votre Terre.....

....

Il ne faudrait pourtant pas seulement croire plus avancés ceux qui meurent jeunes. Certes la mort prématurée est fréquemment une preuve de l'élévation d'un Esprit, mais tant qu'à croire que l'homme revenant parmi nous à l'âge de vingt-cinq années terriennes, après avoir souffert pendant toute sa jeunesse, soit plus heureux ici que celui qui ne viendra nous joindre qu'après une existence de cinquante ans dont cependant les vingt premières années ont été relativement heureuses, c'est une grande erreur. Il se peut en effet que l'organisme soit d'une matière allégée et plus harmonisée à l'âme chez le dernier que chez le premier.

Il y a d'ailleurs exception en toutes choses, et l'harmonie vitale pouvant parfois se prolonger encore, une âme accomplit dans un même corps, deux nécessités incarnantes (1). C'est alors que l'on voit des existences s'écouler dans une continuité de souffrances et de malheurs. Mais, je le répète, la mort survenant dans ce que vous appelez la jeunesse d'un homme est presque toujours un indice de bonheur dans l'au-delà.

C'est ce qui fait donc que chez les animalités de ces époques fort lointaines, les âmes se développant toujours davantage éthériquement, l'harmonie vitale devenait moins certaine de jour en jour et que, la constitution des corps étant moins puissante, moins résistante que par le passé, les existences s'amoindrissaient en durée.

Arrivons maintenant au second déluge.

Des grondements intérieurs commencent à se produire et, bientôt, semblent ne plus trouver d'obstacles ni de limites. Nous voyons le sol se soulever, se déchirer, s'ouvrir en d'immenses crevasses, se refermer; puis, d'autres crevasses succéder à celles disparues, engloutissant ainsi d'innombrables êtres..... Les éléments se déchaînent.

La mer, dans un élan impétueux, envahit, comme dans les autres déluges, le sol immédiatement dévasté (2).

_____

(1) Une nécessité incarnante représente le tout des épreuves à subir pendant une seule vie. (Héroan.))

(2) Nous remarquons ici que l'envahissement marin correspond exactement à la désharmonie complète de l'ambiance astrale. (Héroan.)

... La Terre revêt encore sa parure aqueuse, et, les convulsions se multipliant, nous voyons s'élever dans l'Espace de gigantesques geysers, occasionnés sans doute par le resserrement subit des crevasses que nous apercevions se former tantôt.... Enfin, la foudre, la pluie, les grondements et tous les effets désharmoniques de la Nature sévissent sur le globe.

Que purent devenir, hélas ! ces animalités, ces êtres emportés dans les gouffres subitement ouverts, d'où jaillissaient de majestueux jets de feu ? Anéantis sans nul doute ! Mais c'est ici le dernier déluge atteignant une telle puissance, et les autres ne seront que partiels. La force intérieure est très affaiblie et déjà le calme des éléments s'est cette fois rétabli plus vite qu'au temps de la première révolution diluvienne.

Les créations végétales se reforment et les animalités reparaissent plus fortes et plus locomobilisées. Du reste, il est presqu'inutile de vous le dire : tout s'est allégé, tout s'est amélioré.

En continuant notre observation, nous voyons que vers le milieu de cette nouvelle époque intra-diluvienne, apparaît une autre animalité dont les corps annoncent cette classe d'animaux que vous appelez *mammifères*.

Bientôt, par son instinct de domination, l'homme bestial rampant veut asservir et attaquer cette nouvelle animalité; mais, celle-ci étant d'une nature plus agile, il trouve en elle un adversaire supérieur à lui-même. Approfondissant l'évolution, on comprend même aisément que ce sont ici les descendants qui ont attaqué leurs ancêtres et que les nouveaux maîtres, les vainqueurs de l'homme bestial qui ont, eux aussi, l'instinct de domination, sont en réalité ce dernier plus évolué.

A la fin de cette époque, la race des mammifères (animaux supérieurs) se manifeste définitivement et, habitué à observer ces animaux grossiers et informes des époques précédentes, on croit voir déjà en ces nouveaux venus les traces de l'homme futur, tant leurs apparences sont plus légères et plus souples.

O amis, que vos âmes, la nuit, libérées de leurs corps, retournent vers leur passé et se rendent plus fortes dans l'évolution !

Frères, je vous salue !

HÉROAN.

Le Troisième Déluge et son influence évolutive

Amis de la vérité, salut!

... Je viens terminer, ce soir, les descriptions des évolutions diluviennes. Mon frère Héroan vous a dit la fois dernière qu'en approchant du troisième déluge, la famille des mammifères était apparue sur la Terre, mais en très petit nombre. On eût dit vraiment que Dieu avait façonné ces corps pour que la race en soit créée et n'eût plus qu'à renaître, nouvellement allégée, après les prochaines convulsions planétaires.

Quand celles-ci survinrent, la sècheresse, l'excès calorique qui avait sévi déjà vers le milieu de cette époque, un peu avant l'apparition des nouvelles animalités (1), se reproduisit. Les plantes se carbonisèrent même et les êtres locomobilisés tombèrent dans une inertie léthargique...Nous voyons ensuite les éléments se déchaîner dès l'envahissement marin, ce véritable signal du déluge.

Il est cependant à remarquer que la localisation diluvienne épargne certains points du globe qui demeurent alors vitalisés harmoniquement; nous voyons en cela une nouvelle preuve de ce que le mouvement est apporté à la planète et aux corps, par l'astralité. En effet, si le globe condensé tournait seul sur lui-même, toujours il se pétrirait et revêtirait les aspects diluviens sur son *entière* surface, car l'astralité passerait l'influence de ses troubles à toutes les divisions de la croûte défilant sous le rayonnement de ses parties agitées. Mais, au contraire, certains endroits condensés passant *en apparence*, chaque jour, sous la même astralité que ceux où sévit le déluge, se trouvent, comme je le disais tantôt, en complète vitalisation.

Comparativement, chez l'homme, une maladie, des troubles peuvent s'attacher à diverses parties du corps sans que les autres membres et organes s'en ressentent: cependant, vous le savez, c'est le même fluide qui commande à tout l'organisme et le même sang qui vitalise ce dernier.

Si donc c'est l'astralité qui donne le mouvement, les chocs et les convulsions à la croûte terrestre par l'entrainement des forces supérieures, il est évident que c'est en elle aussi qu'a pris naissance le mouvement individuel de l'animalité..........
Il est alors facile de comprendre l'influence toujours plus

---

(1) Peut-être est-ce là la cause de cette évolution matérielle. (Lermon.)

grande de la locomobilité apportée par les déluges à la matière : se trouvant, à chaque révolution, mêlé à plus de force motrice, le condensé inerte s'allège et devient plus souple.

Après ce déluge reparurent les animalités chez qui, comme aux époques précédentes, on rencontra de nouvelles races.

Du reste, il arriva dès lors fréquemment de voir surgir d'autres formes corporelles. Les mammifères devinrent de plus en plus répandus et bientôt apparut une race humaine. Plus tard, il en naîtra une autre encore, d'un aspect beaucoup plus rapproché de la vôtre que la première qui se confondait plutôt avec celle de vos sauvages actuels.

Quoique le déluge ne fut que partiel, toute la surface de la planète se retrouve transformée à cause de cette sécheresse calorique générale dont je vous ai causé déjà. Mais elle le fut cependant davantage en ces endroits où les éléments diluviens vinrent parfaire la métamorphose.

Une période principale de troubles (il en existait toujours plusieurs en une époque) va sévir à nouveau et les diverses races humaines paraîtront.

Je dois partir pour de nouvelles recherches. Mes amis vont me succéder. Au revoir.

LERMON.

Le Quatrième et Dernier Déluge

Amis du beau et du vrai, salut !

Nous atteignons aujourd'hui la description du quatrième déluge, c'est-à-dire le dernier que notre Terre a subi jusqu'à ce jour.

En revivant ces temps passés et incalculables, nous comprenons mieux ce que sont ces divisions temporelles que vous, incarnés, vous imaginez et comptez pour régler votre vie et veiller votre matière. Nous comprenons leur infime importance et, éprouvant la nécessité d'une éternité, nous ne pouvons douter de l'Immortalité des créations.

Lermon vous a dit que deux humanités s'étaient affirmées postérieurement au troisième déluge et que bientôt une autre race allait encore surgir. En effet, une nouvelle espèce humaine se manifesta sur Terre. Les corps étaient, en elle, identiques à ceux déjà connus. Seule la couleur différait et annonçait la race jaune. Les précédentes personnifiaient plutôt, avec cependant peu de différence entre elles, les races noire et rouge.

Une subite réflexion me fait à l'avance répondre à une question que vous pourriez vous poser au sujet des recréations post diluviennes et que voici : *Le corps de l'homme est-il une union de parcelles végétales désagrégées ?* —

Oui, comme origine, puisque toutes les matières corporelles et animales proviennent de cette union microscopique, et *non pour sa composition actuelle* ; le corps de l'homme est formé de parcelles désagrégées d'animaux évolués, autrement dit de parcelles allégées. Cela est du reste compréhensible en ce que, dès la formation de l'animal par les parcelles lourdes, inertes et rudimentaires des végétaux, la locomobilité n'est que restreinte. Donc, si le corps humain était aussi et directement formé par les désagrégeants végétaux, l'âme ne pourrait pas évoluer autant en moralité qu'elle ne peut et doit le faire ; et actuellement, je vous le dis, le corps incarnant n'est plus formé que de parcelles ayant également appartenu à d'autres corps humains.

. . . .

Les trois races humaines évoluèrent, et à la veille du déluge apparut la race blanche composée sans doute de parcelles allégées des précédentes. Le quatrième chaos diluvien se déclarant ensuite, nous constatons qu'il se localisa davantage encore que le troisième. Il débuta par des trombes de pluie ; puis la mer fit son œuvre alors que les éléments se déchaînaient.

Si l'on comparait le premier déluge à ce dernier, on aurait grand peine à reconnaître qu'il s'agit d'une même planète, tant la force des convulsions s'est amoindrie et différenciée.

. . . . Le globe se transforma, l'agitation des éléments disparut, tout rentra dans le calme, et alors commença l'époque que vous vivez aujourd'hui.

Une description devient ici inutile. Disons cependant encore que par la localisation et la diversité de puissance des convulsions, il arriva que, dans une même race, certaines familles se trouvèrent plus allégées que d'autres et purent mieux évoluer.

. . . . Maintenant, à quand le prochain déluge, mes amis ? — C'est l'homme lui-même qui l'appellera vers lui par son évolution trop accentuée et trop contraire à la matière d'à présent ; mais sachez qu'un progrès puissant vous attend encore avant le déchaînement des éléments. Travaillez donc, évoluez, aimez, cherchez et venez ainsi plus près de nous ! Au revoir !

ÇAKIA-MUNI.

APRÈS LES DÉLUGES

Les chutes matérielles apparentes

.... Il y a un instant, — vous diriez quelques secondes —, alors que je quittais mon plan d'études, je songeais au système de recherches que tout terrien emploie et a employé jusqu'à présent pour tout ce qui est du domaine de l'inconnu : toujours il fut intéressé par la forme, l'effet ; jamais par le fond, par la cause des causes apparentes. Aussi, il vous est souvent pénible de croire à des découvertes qui, fréquemment, viennent modifier, sinon détruire, ce que vous jugez certain.

Lorsque nous retraçons le passé déjà immense de votre globe expiatoire, nous constatons qu'il en fut ainsi de tous temps : l'entêtement, l'importance des « précédents » se retrouvent jusque parmi les lointaines et innombrables animalités. Avouons alors franchement que l'homme ne s'est guère débarrassé de ce séculaire sentiment de lui-même.

S'il est vrai que la matière provoque beaucoup par elle-même cette domination de la pensée, nous devons dire aussi combien sont nombreux encore dans notre monde invisible, ces frères qui veulent se montrer fort élevés, souvent même plus élevés que ceux qui sont arrivés à apprécier cette fanfaronnade du « moi ».......

...... Donc, n'avez-vous jamais remarqué que sur votre monde, on pourrait, par une observation soutenue, former différents plans progressifs, c'est-à-dire établir différentes catégories d'hommes, comme la Nature le fait dans notre monde ?

Vous rencontrez maintenant un homme en qui la matière l'emporte sur l'âme et chez qui le moral, la conscience et le remords semblent être inconnus ; seules, la nourriture à l'excès, les jouissances corporelles, l'oisiveté, l'accaparement de la fortune paraissent exister pour lui. N'est-ce pas là une bestialité bien apparente et pouvant aller même, en cas de besoin et de privation, jusqu'au meurtre, jusqu'à l'appétit de carnage le plus grossier ?

En lui, vous trouvez l'homme non évolué devant qui s'ouvre un long calvaire où les épreuves et les souffrances se succéderont sans trêve et où d'innombrables efforts anéantiront d'innombrables corps.

Mais par contre, vous converserez peut-être tantôt avec l'homme de bien. En l'écoutant, en approfondissant ses pensées, vous sentirez qu'il met toute sa volonté à s'améliorer, à se dématérialiser (1) et à chercher un progrès toujours plus rapide ; il appelle l'étude et fuit la débauche ; il désire comprendre le grand et le beau et veut découvrir le vrai et le pur à la fois.

Aussi, plus tard, peut-être même dans la prochaine existence, cet homme gagnera-t-il l'état où la matière actuelle et terrienne ne sera plus d'une organisation égale à celle de sa moralité, de sa nature éthérée, et ne pourra plus s'harmoniser avec son âme.

Il y a entre ces deux hommes un insondable gouffre, un obstacle infranchissable.

La matière humaine actuelle est parfois trop lourde, trop condensée pour permettre une plus grande évolution à certains hommes de beaucoup améliorés déjà, comme souvent aussi elle se trouve trop légère et insuffisamment dense pour l'épreuve de ces êtres moins évolués qui, s'aventurant dans la race humaine sans avoir fortifié leur raison, ne font rayonner au travers de leur enveloppe plus souple, qu'un instinct purement bestial et mauvais.

....

Nous sommes parvenus, mes amis, au but de ma présente communication. Je viens en effet vous démontrer que lorsqu'un déluge a sévi, l'homme inférieur, ne retrouvant plus dans la matière humaine recréée et allégée le corps suffisamment harmonique qui lui est nécessaire pour ses épreuves, devra retourner dans un corps de l'animalité supérieure qui, par le même allégement diluvien, aura acquis une densité égale à celle de l'organisme humain d'avant le déluge.

Contrairement à cela, ne trouvant plus, avant ces chaos (2), d'enveloppe charnelle apte à l'incarner, l'âme humaine améliorée demeure dans l'Espace à l'état d'Esprit meilleur, y étudie la Nature, et ce n'est que lorsque la métamorphose diluvienne a

(1) Expression dont se servent souvent les extra-terriens pour figurer l'état de l'homme qui ne se sent plus attiré par aucun excès, par aucun plaisir exclusivement matériels.
(2) Déluges.

allégé la matière devenue trop grossière pour son progrès
qu'elle peut harmoniquement reprendre le cours de ses évolutions.

Cette donnée semble d'ailleurs si naturelle, si obligatoire
d'après ce que nous avons dit jusqu'ici que je ne crois pas devoir insister davantage sur cette *chute matérielle*.

Néanmoins, si l'on ne s'attachait qu'à l'apparence, on se livrerait à la plus grande erreur, car jamais l'âme ne perd de son
élévation acquise. Quoiqu'elle puisse retomber dans l'animalité après avoir atteint le degré humain, elle n'y retourne que par
la matière, et son évolution morale ne s'atténue en aucun
point : en effet, si après le déluge l'homme inférieur reprend
corps dans l'Espèce animale la plus évoluée, les inférieurs de
celle-ci feront de même dans une espèce d'un degré évolutif
moindre que celui atteint par leur race, et ainsi de suite. Il arrive donc que tous les êtres se retrouvent dans leur propre milieu et forment des familles dont les membres possèdent un
presqu'identique progrès.

Après le déluge prémoteur, les corps animaux, quoique de
forme différente, étaient d'une condensation et d'une locomobilité égale, de telle sorte que les âmes se trouvaient là aux portes de la vie. Toutes avaient la même force, la même évolution
acquise. Elles demeuraient immobiles semblant attendre le
moment propice pour entreprendre la lutte. Portant leurs regards lents sur la nature environnante, elles paraissaient dres-
ser leur plan de combat.

C'est à ce moment que les animalités, se séparant les unes
des autres, s'affranchirent de leur naturel oisif et s'entraînè-
rent d'énergie, anéantissant ainsi plus ou moins leur presqu'entière impuissance du mouvement. Par ce moyen, elles
donnèrent plus de force influente à leur âme, aux parcelles
éthérées les animant et amoindrirent la lourdeur de leur matière corporelle.

Chaque famille eut dès lors un allégement matériel en rapport de la force d'énergie qu'elle employa sur elle-même. C'est
de là que se dessinèrent les évolutions animales et les chutes
corporelles post-diluviennes dont je viens de vous entretenir :
mais jamais, je le répète, l'âme ne peut retourner à son point
de départ et, quoiqu'il arrive, elle suit continuellement la voie
de son évolution sans même se reposer un instant.

.... Chercher dans son passé, vouloir se retrouver dans

toutes les vies évolutives de la Terre et connaître sa nature : tel est le vrai bonheur, celui de vérité et d'amour.

LIANA.

L'arche de Noé ?

Après un long retour dans le passé, vous venez de franchir les temps diluviens, c'est-à-dire le domaine de l'Inconnu, pour retrouver le présent. Un point cependant reste obscur en ces époques lointaines et je me propose de vous le traiter maintenant. Nous verrons ensuite si le temps nous permet de chercher la cause des phénomènes sismiques.

Aucun d'entre vous ne pourrait dire : « L'arche de Noé ? — Je ne connais pas cela ». Inutile donc d'insister et j'aborde immédiatement le raisonnement qui s'impose à ce sujet.

...... C'est toujours en vain que, dans nos visions, nous cherchons à découvrir cet immense bateau au milieu de la tourmente diluvienne. Pour ma part, je l'avoue, j'aurais été étonné même de le trouver se balançant sur les flots agités, car la raison se bute à cette véritable légende que l'on enseigne sur votre Terre.

Comment Noé, ce patriarche, aurait-il pu attirer sur lui cette *partialité* évidente de *Dieu qui fit ses créatures toutes égales* ? Ma pensée rejetait à l'avance vers l'Impossible, vers le songe, cette croyance supérieurement impie à l'impiété que beaucoup peut-être attribueront à cette révélation, car, s'il était vrai que ce fut *par avertissement de l'Eternel* que Noé échappa au déluge plutôt que le reste des humains, *il y aurait défaut dans la justice divine.*

L'arche de Noé ne peut donc être qu'une simple allégorie emblématique de la création post-diluvienne, allégorie dans laquelle nous voyons tous les êtres sortir d'un même *centre* (1) (*le bateau*) à la suite de l'avertissement de la colombe (*image poétique de l'âme*) qui, après s'être emparé d'une branche d'olivier (*comparaison de l'âme détachant les désagrégeants végétaux et les emportant dans l'Espace pour l'union microscopique et animale*) était venue leur annoncer qu'ils pouvaient quitter leur refuge diluvien pour se répandre et réapparaître sur les rivages.

(1) L'origine de tous les êtres est, comme vous le savez, le centre de la Terre. (Demeure.)

Peut-être un certain nombre de terriens, retournant à leur premier jugement, objecteront que ce n'est aucunement par partialité que Dieu (Jéhovah) aurait ordonné à Noé la construction de l'Arche, mais bien pour l'harmonie, pour que toutes les animalités ainsi accouplées puissent se reproduire elles-mêmes.

Par ce raisonnement, que ferait-on de la toute Puissance du Créateur ?... Que ce peut-il être pour Lui de créer l'atome humain quand sans doute à l'instant, Il lance et forme sous sa volonté les lourdes masses planétaires ?... Le croyez-vous vraiment obligé, Lui qui dirige la vivification des Espaces sans fin et sans fond, de sauvegarder deux êtres d'une race pour la faire se recréer ?... Ah ! mes frères, concevez l'abaissement que la religion donne à Dieu en voulant Le louer.

D'ailleurs, si pour l'humanité seule nous descendions tous de Noé, d'où viendraient donc les quatre races humaines ? Par quel hasard, admettant que ces races d'hommes se fussent aussi abritées dans le bateau sauveur, toutes les animalités auraient-elles pu se trouver prêtes à y monter en un même instant et au même endroit, puisque, vous le savez, de tous temps certaines espèces demeurèrent affectées à des climats particuliers ?...

Ce sont là toutes questions auxquelles l'homme pourrait difficilement répondre en demeurant familier avec les certitudes scientifiques qu'il a acquises. La Terre n'est pas en effet un simple pays, mais l'union de toute une surface : les terres et les mers. Comment donc les animaux d'un autre sol auraient-ils pu traverser les océans qui les séparaient de la patrie de Noé ?.:........

..... Je vous le dis encore : dans notre monde, on ne considère l'Arche de Noé que comme une allégorie.

Passons maintenant à l'explication des phénomènes sismiques.

Les Phénomènes Sismiques

La cause des sismes, pour vous, est une enigme, et si vous désirez la solutionner, ne cherchez plus sur votre Terre, mais plus haut.

Les découvertes de l'homme vous ont maintes fois prouvé que beaucoup d'effets ne s'effectuaient que par l'intervention des forces astrales. Voyez la locomotion électrique. Observez aussi la photographie : la lumière fixe le sujet sur la plaque. Sans lumière, l'image photographique ne se reproduirait pas.

Il en est de même pour les phénomènes sismiques qui ne pourraient se réaliser sans l'existence d'un mécanisme naturel (attraction solaire) dont la désharmonie fait imprimer au sol les convulsions centrales qu'elle provoque.

Vous avez appris que le soleil avait massé en lui toutes les planètes formant à présent son système et que, sur chacune d'elles, il avait gardé un ascendant. Il y a par conséquent sympathie entre lui et ses satellites.

D'autre part, le soleil étant un monde en voie de création, il se produit en sa masse différents chocs et différentes poussées, toutes provoquées par les rencontres, les unions et désunions successives des fluides éther et universel. Par instant, on aperçoit même des places obscures se former sur le « monde lumière » et disparaître ensuite ; étant des matières, des parties de la croûte en voie de condensation, les chocs intérieurs du fluide éther les emportent et les détruisent probablement.

Tenant donc compte de ces troubles puissants qui s'opèrent dans la masse solaire et de l'attraction éthérique que celle-ci entretient sur les planètes, nous découvrons aisément la cause des mouvements sismiques. Les rayons solaires, pour parvenir jusqu'au sol, sont évidemment obligés de traverser toutes les épaisseurs fluidiques astrales. En conséquence, qu'un choc complètement désharmonisateur et plus puissant que ceux dont la répercussion ne parvient pas à la Terre, se produise et trouble les masses du soleil, la désharmonie se propage dans les couches supérieures astrales de votre planète et atteint peu à peu le sol d'où elle gagne les rayonnements intérieurs.

Pour comprendre mieux, prenons un exemple à la portée de tous.

Tendez verticalement un fil ; supposez qu'à l'extrémité supérieure soit placé le globe solaire. Quant à l'autre bout, plongez-le dans un récipient rempli d'eau après y avoir noué toutefois une matière lourde qui aidera à sa stabilité. Le fil immergé représentera les rayonnements du fluide central et l'autre partie simulera les radiations du soleil. Ceci fait, vous placez, après l'avoir toutefois percée d'un trou où vous passez le fil, une feuille de papier très souple sur la surface aqueuse.

Ce papier figurera le sol de la planète, et, ainsi, vous obtenez l'image de l'attraction solaire.

L'eau étant redevenue bien calme, frolez légèrement l'extrémité supérieure du fil : la répercussion n'atteindra peut-être pas le liquide. Mais, si vous touchez plus brusquement ensuite, la vibration se reportera dans l'eau qui s'agitera, se troublera et imprimera au papier les circonvolutions de sa surface.

Il en est de même dans l'Espace. Lorsque, dans le soleil, une vibration se produit trop forte pour échapper et s'atténuer au dehors des astralités planétaires, l'attraction éthérique (ou solaire) se concentre davantage en un même point ; en conséquence, se portant en trop grande quantité là où ils se trouvent plus attirés, les rayonnements intérieurs de la planète forment pression sur la croûte, la font se soulever, se convulser, trembler et gronder momentanément : pendant toute la durée des répercussions vibratoires du soleil.

Si la masse centrale est plus attirée dans la région d'un volcan, les puissances rayonnantes intérieures, trouvant en cette cheminée naturelle une issue pour leur trop importante concentration, forcent les distances et s'élancent dans l'atmosphère, emportant avec elles les matières moins denses que, par leur contact, elles ont mises en voie de décondensation ou que, simplement, elles ont arrachées de leurs blocs (ex. : la lave, les roches éruptives, etc.).

Il est en outre facile d'observer que les phénomènes sismiques sont toujours précédés d'une désharmonie atmosphérique. Il est donc probant que les troubles sévissent à l'extérieur (et fluidiquement) avant de se produire au dedans du globe. Si réellement la cause était intérieure, il y aurait lieu de s'interroger sur cette désharmonie astrale qui, somme toute, révèle plus une cause qu'un effet puisqu'elle est antérieure à celui-ci.

Notre conclusion est donc que le soleil projette l'influence de ses trop fortes vibrations sur la première planète, sur la partie de cette dernière qui passera sous les rayons de sa masse la plus vibrante et qu'il y provoque ainsi les phénomènes sismiques si brusques et parfois si terribles !

Je vous quitte, chers amis. Dieu permette que vous soyez heureux !

Dr DEMEURE.

Les Influences Planétaires

Ayant approfondi la vie de votre Terre, il est juste que vous jetiez quelques regards dans son entourage. Vous connaissez le proverbe : « Dis-moi qui tu hantes ; je te dirai qui tu es ! » Paroles admirables que l'homme peut prononcer pour tout ce qui lui est mystérieux ; pour la Nature qui révèle un Grand Créateur ; pour l'effet dont il veut connaître la cause.

... Si dans une réunion spirite, la supériorité numérique des membres est mauvaise, ironique ou perverse, les esprits se communiquant ne seront jamais qu'inférieurs et mauvais aussi, car nous ne pourrions demeurer dans de telles ambiances. Ah ! chercheurs du bien, prêtez attention à la composition de vos groupes : en évitant les incarnés insuffisamment améliorés de leur passions, vous éloignerez les fourberies, les erreurs de l'au delà.

... Revenons à la Terre et cherchons un instant ce que peuvent être ses relations avec les mondes de son même système.

Votre planète possède comme toutes ses sœurs un rayonnement extérieur, ou astral, égal et compensateur de la quantité condensée. C'est par l'intermédiaire de celui-ci qu'elle peut être influencée à la fois par le soleil et par les forces attractives et pures dont ce dernier n'est en somme que l'instrument ; c'est aussi par le rapport harmonique, par l'union de ce même rayonnement avec les couches éthérées neutres que la masse matérielle se tient en équilibre dans l'Espace.

De son côté, le Soleil verse ses flots lumineux en quantité équivalente sur tous ces mondes qui ne sont en réalité que ses satellites, et produit sur chacun d'eux ces mêmes mécanismes : l'attraction du fluide central, les sismes, les transformations successives et temporaires.

De plus, il est à remarquer qu'il est rare que d'autres globes n'éprouvent pas les mêmes convulsions que la Terre quand, en temps de cataclysme et à la suite d'un choc condensateur trop puissant du soleil, un sisme sévit sur votre monde. On peut comprendre ainsi ce phénomène intra-planétaire : lorsqu'une secousse se produit dans une masse, toute celle-ci est agitée par le même mouvement et particulièrement en ses parties les plus communicatives. Donc, le rayonnement attractif et éthérique du soleil étant général dans tout le système, les chocs condensateurs peuvent se répercuter en plusieurs points de la masse solaire et amener sur les planètes se plaçant au même instant sous le rayonnement de ces divers points, des cataclysmes identiques.

Cependant, quoiqu'une planète se trouve parfois dans la direction d'un rayon désharmonisé, aucun sisme ne se révélera sur elle: sa distance du soleil étant plus grande que celle de notre Terre, par exemple, les vibrations auront grand temps de s'atténuer avant de l'avoir atteinte.

C'est ici que nous trouvons les influences des globes: *le progrès est interplanétaire* et, par déduction, celui que vous, Terriens, vous faites n'est pas acquis seulement à votre monde. Tous les êtres, en unissant leur pensée à celle de leurs semblables, forment, à leur insu, la pensée générale de leur planète. Chacune de vos idées, volontés et désirs a un fluide qui, par l'expression que vous en faites extérieurement, s'échappe de vous et s'unit au fluide astral: il se fait ainsi une véritable photographie de la pensée de toutes les créatures.

De là, la justesse du proverbe précité. Il suffit en réalité qu'un homme sobre et bon se retrouve souvent avec plusieurs êtres aux intelligences funestes et passionnelles, pour que, petit à petit, les pensées et les instincts de ceux-ci pénètrent son âme qui semble en aspirer les désagrégeants plus puissants en nombre. C'est de cette manière que les convictions et les préjugés se répandent sur un monde, et c'est pourquoi aussi une erreur est parfois si pénible à détruire malgré l'évidence de la vérité.

Il apparaît donc clairement que la communication entre les globes s'opère de la même façon que celle entre leurs habitants. La pensée générale se communique et se propage dans les radiations solaires et attractives qui s'en impressionnent et la déversent ensuite sur les autres planètes, et réciproquement pour l'influence de ces autres astres. Il se produit alors des coïncidences de pensée vraiment étonnantes. Par exemple, votre désir de communiquer avec la planète Mars a pris naissance, je le crois, dans l'influence de ce globe dont les peuples, depuis longtemps déjà, tentent d'atteindre d'autres vues par leurs signaux; et, au moment où vos pensées allaient encore vers d'autres découvertes, sans songer à cette importante télégraphie, les Martiens, vous devançant dans les recherches communicatives intra-planétaires, tâchaient d'attirer votre attention par de grands, mais inutiles feux. A présent, croyant ces signaux impropres à la réussite, trop impuissants pour être distingués par vous, ils cherchent dans les forces de la Nature : c'est qu'en effet, mes amis, la force visuelle varie avec l'organisme qui, lui aussi, change en matérialité avec chaque monde.

Donc, comme je vous le disais dernièrement, l'homme ne pourra obtenir un succès complet dans la télégraphie intra-planétaire, si ce n'est seulement en prenant pour intermédiaire, le soleil qui rayonne sur toutes les planètes et en possède les diverses matérialités.

Quant aux influences planétaires, aucune comparaison ne peut être plus simple que celle qui rapproche votre organisme de celui des astres. Sur ceux-ci, vous ressemblez aux cellules qui forment votre corps, à ces atomes qui, par leur vie microscopique, font votre vie générale. Mêlant leur vitalité et leur nature aux effluves de votre astralité, c'est-à-dire de votre force périspritale, ils influent sur votre organisme : si leur supériorité est surtout matérielle, vous obéirez davantage aux passions ; si, au contraire, l'universalité (1) est moins forte, vous vous trouverez plus poussés vers l'occupation spirituelle, vers les travaux de l'âme.

Ce sont ces influences individuelles et généralisées dans l'ensemble d'un organisme, ou planétaire, ou humain, qui retardent ou augmentent l'évolution.

Donc, qu'alternativement, plusieurs hommes d'un progrès différent se trouvent dans un groupe de leurs extrêmes, les cellules de leur corps dont la nature correspondra le plus aux volontés et désirs de ces groupes divers, se supérioriseront aux autres qui, elles, se trouveront privées de rayonnement et d'influence en cette ambiance contraire. La raison de l'âme sera peu-à-peu-soumise et subjuguée par cette sensation subitement apparue en ce milieu, et ne pourra la détruire que suivant la plus ou moins grande proportion des parcelles organiques d'une essence contraire qu'elle absorbera dans l'avenir.

Voilà comment rayonnent aussi les influences planétaires, avec cette seule dissemblance que le soleil se trouve être l'in-

(1) Matérialité.

termédiaire des astres, tandis que l'astralité est celui de la pensée humaine.

... La Nature est ainsi, chers amis. Tout mène au même but : *au bien, à Dieu, au foyer de l'Amour.*

L'atome, formé d'une innombrabilité de fluides, s'unit à d'autres pour devenir microbe ; ceux-ci forment les corps qui, se désagrégeant, redeviendront plus tard une partie du globe désorganisé ; à ce moment, le globe se fera de plus en plus fluidique et retournera en universel-fluide ; celui-ci, après être remonté au sein des mondes heureux, se changera un jour en éther (d'où nous croyons pouvoir déduire que l'existence du fluide matière n'est que temporaire) car, là-bas, plus haut, Dieu le détruit et le reforme sans cesse sous de différents aspects pour apporter ces variations toujours plus belles de la Nature qui versent le bonheur, la fascination et l'extase chez nos âmes-sœurs évoluées.

De leur côté, les parcelles d'éther, s'unissant à d'autres et s'élevant de plus en plus de la matière, forment les âmes diversement améliorées qui, dans un temps donné, se trouveront emportées par des masses supérieures, s'épureront et deviendront les grandes intelligences qui rayonnent dans tout l'Infini par leurs pensées d'amour.

Voilà, tel que vous pouvez le comprendre à ce moment, le réel tableau de la vie. Sachez encore que si l'âme incarnée connaît la vie des atomes de son corps, si elle éprouve leurs souffrances, leur bien-être et leur épuisement, Dieu, par les rayonnements fluidiques des Soleils et des Espaces, constate les actes généralisés de chaque monde et, chez ceux-ci, déverse les forces nécessaires aux épreuves.......

Par les rayonnements que le soleil produit sur les planètes, il se fait que le progrès, suivant leur sympathie et leur distance, se répand sur chacune d'elles avec plus ou moins d'intensité. « Mais pourquoi, me pourriez-vous demander, existe-t-il encore des mondes de différent progrès ; l'évolution devrait être égale ? »

Ce qu'il faut comprendre en premier lieu, c'est que les planètes ne se sont pas toutes condensées au même instant. De plus, si nous observons l'homme bestial, nous le voyons évoluer plus vite parce que d'un instinct beaucoup plus éveillé. Ne voyez-vous pas d'un autre côté les élèves de vos écoles, recevant de leurs professeurs les mêmes enseignements, avoir chacun des aptitudes, des capacités spéciales ?

Il en est de même dans l'Espace où le soleil rayonne et égalise le progrès (dans son système), mais il appartient aux mondes de bien s'assimiler ces flots de pensée qui saturent nos âmes !......

Voyons maintenant si réellement il est posible que les planètes puissent influencer le corps et l'âme des nouveau-nés, leur donner des signatures et des penchants, etc ! Cela existe : une planète, étant en pleine puissance sur votre globe, agit sur l'âme et peut ainsi influencer le corps qui n'est qu'un simple instrument d'évolution et ne peut rien sans âme.

Le soleil apportant plus d'influence d'une planète que d'une autre sur votre Terre, l'âme nouvellement incarnée et toujours plongée dans le coma de l'Incarnation se trouvera dominée par l'effluve planétaire répandu dans l'astralité Terrienne ; elle se trouvera dominée, dis-je, comme le serait un sujet par les effluves volontaires et suggestifs de son magnétiseur ; elle se pénétrera des penchants variablement matériels de cette planète et se sentira toujours entraînée par eux.

Néanmoins, tant qu'à lire en cette influence les présages de toute une vie, il y a erreur. L'épreuve ne vient pas d'un ascendant quelconque, mais de l'éprouvé lui-même, du mal qu'il a commis : il n'en saurait être autrement.

C'est d'ailleurs par ces abus trop probants que l'astrologie a perdu cette importance que véritablement elle mérite car, de même on combat une suggestion, de même, prévenu sur ces influences sidérales, on pourrait alléger certaines personnes d'une aigreur de pensée, d'élans inconscients et de désirs parfois contraires à leur âme qui ne s'atténuent qu'après maints efforts. En résumé, l'influence planétaire peut hanter l'homme, mais non définir ni prévenir sa vie. S'il revient sur Terre, ce n'est que pour expier ses fautes, lesquelles n'ont aucun rapport avec ces ascendants des autres mondes, à condition toutefois que l'Esprit ne se soit incarné au temps voulu, dans le désir d'être aidé dans l'Epreuve en les (1) subissant à sa naissance.

Homme, apprends à ne jamais nier une science à cause des abus que tes ancêtres en ont pu faire. Tu serais ainsi certain

(1) Les ascendants des autres mondes.

de ne jamais sortir de l'ignorance, car cherche l'Inconnu
de Jadis qui ne fut, jusqu'à ce jour, faussement exploité !......

GALL.

Les Systèmes Obscurs ou la Mort des Mondes

Tout se termine pour se renouveler! De quelque sujet que
nous venions vous entretenir, toujours nous devons établir
nos descriptions sur cette grande base.

Il vous a été dit que les taches qui apparaissent sur le
soleil sont des parties condensées, matérialisées momentanément, que de nouveaux chocs relanceront et détruiront dans
un temps plus ou moins éloigné.

Admettons donc que demain le soleil soit complètement
condensé ; que par conséquent son action transitoire d'attraction soit annihilée: qu'arriverait-il ? Que les forces éthérées supérieures, ne pouvant se mêler directement aux couches astrales des globes sans détruire l'harmonie, cesseraient
d'y produire leur action vitalisatrice, et toutes les plantations,
toute l'habitabilité disparaîtraient.

En effet, quand la chaleur centrale ne parvient plus à la
croûte parce que n'y étant plus attirée, la condensation des
eaux s'opère, des glaciers recouvrent la surface et forment un
monde de glace. Supposons, mes amis, que votre Terre soit
telle.

Avec la condensation du soleil, les rayonnements lumineux
provenant du feu de cet astre disparaissent et tout le système devient obscur (1).

Hélas! plus de vie! plus d'harmonie! Tout est disparu de
ces globes majestueux qui meurent et reposent dans leur
tombeau sans limites. Et là, près d'eux, surgissent des « nouveau-nés » qui, la nuit, comme des paillettes d'or, sembleront
désormais se joindre en scintillant et détacher ces mots du
voile sombre des cieux: « Homme Terrien, pense, réfléchis
et comprends la vie de nos Espaces! »

Aucune chaleur extérieure ne parvenant au globe anéanti;
aucune supériorité éthérique n'attirant le feu central hors de

(1) Je ne fais pas ici une vaine prédiction, mais au contraire la description d'une réalité chaque jour observée dans les Espaces où de
nombreuses familles astrales se plongent dans une obscurité de Néant alors
que d'autres se créent. (Eliam.)

son refuge, celui-ci, au contraire, ramène d'abord, par ses propres vibrations, la partie de lui-même qui se logeait dans toute l'épaisseur de la croûte ; puis, ensuite, l'éther de l'astralité.

L'enveloppe matérielle se trouve donc pressée de toutes parts : à l'intérieur, par le feu central qui, à chaque instant, augmente par le retour de son fluide précédemment extériorisé ; au dehors, par l'astralité que la puissance centrale, à présent plus forte, attire et fait se rapprocher toujours davantage et se presser sur la surface.

Ainsi attiré et précipité contre la croûte, l'éther des couches supérieures de l'astralité entre en contact avec l'ambiance toute universelle et inférieure de la planète ; en conséquence, il s'illumine de cette clarté de l'éclair traversant l'atmosphère et donne au globe qui, depuis la condensation du soleil, demeure inerte dans l'Espace, un aspect nébuleux.

Plus l'éther astral pénètre l'épaisseur matérielle et se déverse dans la masse centrale qui l'attire, plus l'illumination et la quantité calorique intérieure augmentent de volume et de force : plus elles désagrégent les blocs condensés avec qui, sans cesse elles entrent en contact. Contrairement à cela, l'aspect nébuleux extérieur s'atténue au fur et à mesure que l'éther astral disparaît au dedans du globe, et celui-ci redevient obscur, cette fois jusqu'au jour de sa destruction qui ne tardera guère.

En effet, la désagrégation intérieure augmentant progressivement, l'épaisseur condensée s'amincit de plus en plus et, manquant enfin de résistance, succombe sous les poussées de l'éther central, éclate, se divise et livre passage à ce dernier qui s'échappe dans l'Espace et y maintient en équilibre les débris de la croûte. Ajoutons à ce sujet que ces débris, cédant au vide subitement formé par l'échappement total du feu central, s'attirent, se rencontrent, se joignent dans le centre immédiat de l'ancien globe et deviennent un véritable noyau.

Dès lors l'éther sature la matière, la sursature, la volatilise et la réduit ensuite en universel pur, pendant que de temps à autre, la lumière sidérale étant reparue, la masse astrale se relance sous l'impulsion des différents chocs déterminés par l'anéantissement de la matière. Ce sont ces astres momentanément mouvants que vous appelez « Etoiles filantes » et qui, ne traversant que des Espaces astralisés (1), ne prennent pas l'illumination postérieure des comètes qu'ils deviendront un jour. Il leur est en cela impossible de s'élancer dans les régions éthérées, puisque non réduits à leur quintessence future et primitive : possédant en eux une matérialité encore puissante, ils se trouvent attirés par l'universel et la matière des autres mondes dont ils traversent alors les couches supérieures astrales.

C'est ainsi que parfois, filant dans une autre, leur astralité s'unit et se confond de telle sorte que certains débris, detachés du noyau central, se trouvent attirés par la matérialité de la planète, dont ils ont franchi les limites astrales, et s'abattent sur le sol. Ce sont les aérolithes.

Enfin, lorsque la désagrégation de ces mondes mouvants est complète et que leur fluidification cométaire est suffisante, leur légèreté les emporte plus haut que les astralités qui, toutes, par leurs chocs répétés, leur procurent de nouveaux élans, comme le ferait le sol pour une balle élastique. En conséquence, la comète, rejetée souvent dans une semblable direction par les mêmes astralités, peut reparaître plusieurs fois aux mêmes places (parfois avec exactitude) et décrire une espèce d'orbite (2).

Le phénomène de réapparition cométaire peut se reproduire assez longtemps et ne se termine qu'au moment où une dernière répulsion astrale rejette le monde en reformation dans un Espace éthéré entièrement libre où, n'étant plus relancé, le globe fluidique s'arrête pour se condenser.

En outre, les planètes désorganisées d'un même système s'attirant, se réunissant en une seule masse avant de s'élancer dans l'Espace, puis se séparant à nouveau après l'arrêt de la comète unifiée, il est fréquent que quelqu'une d'entre elles, en s'individualisant, se divise et forme d'autres astres quelquefois innombrables et petits, comme les astéroïdes.

Telle est la vision de la mort d'un globe, de la fin d'un monde.

Maintenant, reprenez les premières communications de mes amis de l'au delà, suivez les encore autant de fois que vous

____

(1) Non totalement éthérés.

(2) Je dis : une espèce d'orbite : en réalité ce n'en est pas une puisqu'elle n'est produite ni par une force supérieure ni par une attraction régulière.

le désirerez, et vous aurez ainsi la renaissance d'une même planète, ses vies successives toujours plus heureuses et plus légères ; vous aurez l'image de la vie des Espaces, une faible vision de l'Éternité !

Comme en beaucoup de ses paroles, vous n'avez trouvé qu'une signification toute différente en cette prédiction de Jésus sur la fin du monde : « *Les étoiles tomberont et tout disparaîtra dans les Cieux* ».

Où tomberaient les étoiles, attendu que l'Infini est sans fin et sans fond ? *Allégoriquement* elles tomberont, car elles se projetteront vers d'autres points après s'être jointes l'une à l'autre, en un seul troupeau de brebis partant pour un autre bercail ! Elles iront semer la graine féconde de la vie en des plaines toujours plus fertiles en bonheur, en amour ! Oui : les étoiles tomberont et s'élanceront vers d'autres soleils, vers d'autres systèmes où elles retrouveront leur vitalité perdue !

Comprenez la portée des Enseignements de Jésus et, pour cela, cherchez en le fond. Aujourd'hui encore, nous ne pouvons vous expliquer les sublimités de la Création que par visions et images. Vos connaissances et votre langage ne nous permettent pas de vous en révéler plus, et le grand doute qui règne nous est un fort obstacle.

La Nature est si grande que si nous la dévoilions en toutes ses beautés, en ses charmes les plus grandioses, vous la croiriez une chose irréelle et fantastique.

Courage donc, chercheurs du bien ! Travaillez, efforcez-vous, et faites ici bas l'avènement de la science de l'au-delà, cette science qui vous mènera aux grandes vérités ! Au revoir !

ELIAM,

Grand-Prêtre de l'Inde Antique.

Seconde Partie

DIEU

Comment nous devons comprendre DIEU
ses Œuvres et son Infinité

Qu'est-ce que DIEU ?

DIEU ...! O mot mille fois mystique ! Que viens-tu révéler à l'homme d'ici-bas ? Que comprendre dans ton mystère, ô toi qui fus le flambeau de toutes les religions ? Tu te trouves partout inscrit en lettres d'or : dans les temples ; dans les églises et les chapelles; et ces lettres se gravent en toutes les âmes !

Ah ! dis nous donc, mot à jamais respecté, mot qui hantes et diriges la pensée de nos prières ; dis nous, en revenant des cieux, si Celui que tu atteins aussi souvent, demande aux âmes ce fétichisme que n'exigerait pas même un *maître* de son *esclave* !.........

.... DIEU...! Mot que le monde bénit, dis à nos sœurs incarnées si leurs appels et leurs prières, que tu mènes à Lui, sont plus efficaces quand leur corps s'agenouille et se prosterne devant ces peintures et ces statues *de forme humaine* que tu soulignes, que lorsque, se retirant dans le silence de leurs demeures, elles s'élèvent spirituellement vers Lui et L'implorent. Et, enfin, devons-nous lire en tes quatre lettres qu'Il est bien semblable à cette image humaine, à cette pierre sculptée par lesquels on L'adore dans les lieux saints ?

Non ! L'âme se révolte en de telles raisons. Ce n'est pas là le Créateur Infini ! Le Dieu des Humbles ne peut vouloir ni exiger ces cérémonies pompeuses si souvent extérieures où, parfois distraite, l'âme n'admire pas, comme elle le devrait, la richesse des bontés de l'Etre Suprême !

Non ! Ces statues ne sont pas son image ! Elles sont au contraire autant de preuves des offenses de ces éducateurs

« divins » envers l'Eternel, à qui ils osent donner la forme,
l'aspect de l'homme, de cet être encore impur et inférieur !...

O mot sacré parmi tous, dans l'extase de mon âme, tes quatre
lettres se sont élargies et ont inspiré ma raison : j'ai lu
« *Amour* » !...........

Maintenant je comprends ta grandeur, ta pitié, ô Créateur
de toutes choses, et ma pensée me révèle toute la Vérité de
ta Nature ! Tu n'es qu'Amour et Tu souffres de nos haines !
J'apprécie que pour aller vers Toi et vivre dans ton foyer, nous
devons posséder plus de cette force affective qui, comme une
sève incessante, fait croître les *allégoriques* ailes blanches
que tes anges (1) agitent dans leur éblouissante lumière, pour
planer sur les mondes où ils versent les effluves de la bonté
qu'ils ont puisés en ta demeure !

Idée infinie et inconcevable ! De nouveau, nous ne
pouvons dire Te comprendre bien, ô Divinité ; et pourtant, Tu
ne nous es plus un mystère : nous savons qu'à l'Amour rien ne
peut résister ! Les âmes, en Lui, s'attirent et se confondent ;
il n'y a qu'en aimant que l'on peut entrevoir le bonheur, si
petit et si rare ici bas ; si grandiose dans l'Espace. Donc, si,
par cette force, deux âmes s'attirent, Toi qui es Infini, Tu
retiens à Toi l'Infini de tes Créations !

Aussi, je me pénètre de ta magnanimité ! Et cependant,
que de fois l'incarné en doute lorsqu'il s'attache aux enseignements soutenus par le Chef de l'Eglise, par cet *homme* que
Toi, *Dieu*, dit et croit-on, Tu rends infaillible ; car lui et ses
subordonnés prêchent à tes fidèles que la mort de l'âme, autrement dit, l'Enfer éternel est la peine afférente au simple
péché mortel ! Hélas ! l'homme commet tant de ces péchés
sur ce monde et la mort est si proche de lui que ta bonté semble alors être une Tyrannie !

Mais ta bonté demeurera toujours bonté, car ta pitié infinie
nous démontre que Tu ne peux punir éternellement ! Si Tu
es Amour, Tu veux le salut de tes Créatures et Tu fais pour
nous plus que nous ne pouvons même penser, car déjà l'homme le plus inférieur donne volontiers sa vie et son bonheur
pour sauvegarder ses aimés et détourner le danger qui les me-
ce !

Tu es le père de nos âmes, et un père, quelqu'il soit, ne fixe-

(1) Esprits supérieurs.

ra pas, je le sais, ni d'instant ni de lieu à ses fils, et ne sera pas moins bon, moins affectueux pour l'un deux qui le réclamera dans une simple chaumière que pour les autres qui l'appelleront dans une somptueuse demeure......

Mieux que jamais, ô Tout Puissant, je T'ai compris ! Tu n'es plus une Énigme, et je perçois quelque peu la Grandeur inexplicable de *cet Amour qui est Toi* et qui fait infinies : ta bonté, ta justice, ta miséricorde et tes créations.

Je conçois ta négation de la matière qui n'est que mal, car ton essence ne peut rayonner que dans le bien et, par conséquent, ne peut s'allier aux corps en qui gronde la haine.

Amour Infini ! Que ta puissance nous protège !

HÉROAN.

DIEU est immatériel

Le progrès a passé à travers l'humanité comme un ouragan perpétuel. Il a fait s'agiter vos âmes au milieu des mystères troublants de l'Inconnu, comme la Tempête fait se pencher les tiges des arbustes vers les secrets du sol.

L'arbre ignore les racines par lesquelles il peut vivre et vous, humains, vous ignorez d'où vient votre vie, où vous puisez la nourriture de vos âmes. Ce problème s'implante en toutes les pensées et plus vous cherchez à connaître Dieu, moins vous le concevez.

L'évolution allège l'âme en même temps que le corps et, sentant son intelligence se développer chaque jour davantage, l'homme veut progresser et solutionner les grands mystères ; sa foi a diminué avec eux mais, comprenant que rien ne se fait sans cause, il veut la réacquérir.

Nous l'admirons, ce chercheur, cet aveugle d'hier qui a retrouvé la lumière et veut en faire un précieux usage pour détruire les dogmes faux par l'évidence de la vérité. Consultez donc votre raison et tentons ensemble une courte étude sur l'état de Dieu. Cette question s'impose : « Comment est-Il ? Existe-t-Il sous forme d'âme ou possède-t-Il Lui aussi un corps ? »

Toutes les religions enseignent Dieu comme l'Être Immuable. En outre, les doctrines de l'Église ajoutent que vous ressusciterez avec ce même corps d'à présent et que, seulement dès lors, vous pourrez admirer Dieu éternellement.

Ajoutant à cela ce troisième enseignement que « Dieu est partout », nous trouverons que les deux premiers s'opposent l'un à l'autre, et ici, on peut se demander encore si cette résurrection en chair et en os n'est pas une nouvelle allégorie faite pour convaincre de la survie les peuples retardés qui, dans le passé, n'auraient pu comprendre cette vie immatérielle. Et, ma foi, n'est-ce pas ressusciter en chair et en os que de vivre dans les fluides universel et éther ? Les fluides ne sont en somme que des poussières invisibles et impalpables, et l'homme n'est-il pas créé de la poussière et ne retournera-t-il pas en poussière ?........

Si donc, dans ce cas, le Chef de l'Église se maintient dans son infaillibilité...? il n'en est pas moins vrai que deux dogmes de la même religion forment opposition et que, par conséquent, l'un d'eux manque de justesse. En effet, pourquoi ne pourrait-on voir Dieu qu'après la résurrection, puisqu'il est partout et que nous posséderons les mêmes corps que vous animez aujourd'hui et que, jadis, nous avons eu nous-mêmes. Si Dieu est partout, il n'y a pas de place spéciale pour L'apercevoir et L'admirer, et, de fait, possédant le même corps, la même vue, vous devriez Le voir aujourd'hui autant que demain. Néanmoins, faudrait-il encore qu'il soit matériel pour impressionner votre propre matière par laquelle vous ne pouvez même pas nous distinguer, nous qui cependant, dans notre matérialité plus inférieure, sommes incontestablement plus visibles que Lui.

Mais il est impossible, mes amis, qu'Il soit matériel puisque tout ce qui est matière correspond au mal et que, contrairement à cela, l'Immatérialité que représente l'éther ne révèle qu'harmonie, pureté, attraction et amour ; les véritables natures du Divin.

Si, à ce sujet, nous nous reportons à nos études antérieures, nous voyons que chacun des deux fluides primitifs de la Création est la négation de l'autre : l'éther est le fluide simple et, par conséquent, le fluide pur, tandis que l'universel est un fluide composé (en déduction : impur) puisque pouvant former des fluides de différentes natures. En conclusion, retrouvant dans l'éther immatériel la Nature infinie de Dieu (1), il y a lieu d'être certain que Dieu est immatériel

(1) L'éther est partout et la matière (fluide universel condensé) n'est que parsemée en lui. (Meudon.)

Donc, quoique l'on dise et quoique l'on cherche, un de ces trois dogmes doit être reconnu faux : si Dieu est bien immatériel, la résurrection en chair et en os est irréelle, puisque, par son existence, vous demeureriez la négation de l'Amour Infini, du Créateur, et que, possédant toujours votre nature composée, vous ne pourriez vivre du bonheur et de l'harmonie éternelle du pur éther, de ce fluide destructeur de toute matière. Ajoutons de plus que Dieu, étant Ame, nous a créés sans aucun doute à l'état d'âme et que nous devons retourner tous à cet état. Le corps n'est rien qu'un instrument d'épreuves, et si, comme il est certain, en atteignant les mondes supérieurs, nous aurons expié toutes nos fautes, il serait insensé de croire que nous le posséderons encore puisqu'il nous deviendrait inutile et que, dans l'Infini, rien n'agit sans cause.

Concluons donc : Dieu est l'Ame, la Grande Ame de la Création ! Est-elle partout ? Vous le saurez bientôt.

Je vous quitte, chers protégés ; au revoir !

MEUDON.

Guide guérisseur et protecteur.

DIEU est-il partout ?

Il est compréhensible qu'après avoir admiré quelques métamorphoses créatives, vous cherchiez à connaître leur cause : *Dieu.* Puisque ce Grand Amour nous a créés, il nous est ce qu'un père est à son fils, et ce n'est pas, comme beaucoup le diront peut être, une faute de notre part que de vous dévoiler comment, à ce jour, nous arrivons à le comprendre. Reliés à vous par l'Amour comme tous, incarnés et désincarnés, nous le sommes à Dieu, nous pensons au contraire satisfaire un grand devoir en agissant ainsi.

Un père ne se dissimule pas à son fils et le Créateur ne se dissimule pas davantage à nos pensées. Donc, puisqu'à tout instant nous trouvons de nouvelles preuves de son existence, nous croirions manquer à l'amour du prochain en ne vous dictant pas cette image que nous nous faisons de Lui et qui, quoiqu'incomplète encore, est cependant plus exacte que celle (1) du passé, dont les erreurs trop grandes lancent des milliers de nos

(1) L'Esprit ne fait allusion ici qu'à la fausse interprétation des Ecritures.

frères incarnés dans l'antidéisme le plus absolu, dans le néantisme le plus complet.

Qu'importent alors les mauvaises qualités que les préjugés nous feront attribuer puisque nous employons tout notre pouvoir au rétablissement, sur Terre, de la Grande Foi qui soutient les cœurs dans la souffrance, les âmes dans l'épreuve. Et vous qui me comprendrez, humains réfléchis et penseurs, aidez-nous à la Tâche. Faites que nous soyons écoutés par nos frères égarés et dites leur combien nous souffrons de les voir plongés dans la plus grande erreur possible, c'est-à-dire, la croyance à la non-existence de Dieu.

....

Certes, me voyant réformer à présent ce qui était ma foi, combien me traiteront d'imposteur...! J'en rends grâce à Dieu qui permet que je sois parvenu au plus vrai et que je puisse maintenant dire franchement ce que je n'aurais peut-être osé sur Terre.

Votre guide protecteur vous quitte et je lui succède pour vous démontrer à mon tour une seconde contradiction dogmatique, c'est-à-dire celle existant entre l'Essence infiniment Pure de Dieu et cet enseignement : « Dieu est partout ». Que faut-il entendre par là et pourquoi est-Il partout ? — Parce que répondrez-vous, il voit tout, entend tout et connaît notre pensée ! C'est là ce que sans doute, tout enfant, vous avez appris.

Donc, est-il besoin que Dieu soit partout pour savoir tous les actes et pensées de ses créatures et créations ? — Prenons un exemple : votre corps n'obéit-il pas totalement à votre âme et celle-ci ne sent-elle pas la douleur dont un membre souffre ? Pourtant elle ne se tient pas dans tout le corps mais simplement au cerveau d'où elle rayonne en lui ! De même, le conférencier et l'auditeur ne sont-ils qu'un seul être ? Non. C'est par les vibrations que l'un émet et que l'autre reçoit qu'ils arrivent à communiquer entre eux.

En conséquence et davantage encore par ce que vous a démontré ce soir votre protecteur, il est bien certain que Dieu, étant âme infiniment pure, ne pourrait, sans effet négatif, s'unir à la matière lourde, désharmonisée et expiatoire, d'autant plus que les âmes les plus évoluées d'un globe doivent elles-mêmes, pour s'incarner, attendre la prochaine transformation diluvienne, leur nature allégée ne leur permettant plus l'harmonie corporelle. Et cependant, que sont ces *âmes allégées* auprès de la *Grande Ame Pure !*

Il est enfin inadmissible que Dieu, *l'Immuable, puisse se partager en bien (l'Immatériel) et en mal (les globes expiatoires)* car, en ce cas, avouez-le, sa pureté ne serait infinie.

Il est donc indubitable que, pour connaître toutes les influences des créations matérielles, des globes, la Grande Ame ne peut, par son essence, se mêler à elles et être partout, mais doit demeurer dans l'immatérialité pure.

Je vous dirai à ce sujet que l'Infini est de toutes parts livré à un mouvement circonvolutif. Selon nous alors, *Dieu doit se trouver dans l'Immatérialité centrale de ce même Infini.* De là Il forme la vie, rayonne de tous côtés et, de cette manière, s'unissant aux astralités des Systèmes par l'intermédiaire des mondes médians (ou soleils), Il arrive à connaître toutes les influences des planètes, le progrès de chaque monde, l'harmonie ou la désharmonie entre l'âme et la matière et provoque les transformations et révolutions des globes.

Rien n'échappe ainsi à Dieu, et si vous avez appris dernièrement que vos pensées se photographient dans le fluide astral par la projection fluidique que vous en faites au dehors de vous-mêmes, sachez maintenant que ce fluide (1) les reporte à l'Eternel.

....

Que l'homme soit certain que ces rayonnements divins ne sont pas une invention contradictoire, comme cela se dira, par crainte ou intérêt, dans certains milieux ; il me serait d'ailleurs plus agréable de confesser n'avoir enseigné que le vrai sur votre monde, que d'avoir concouru à maintenir cette dernière croyance dont le fond apparent est faux puisqu'elle doit être prise au figuré.

....

Cherchons, dans la comparaison, quelques preuves de l'avance que nous venons de faire. Vous avez probablement déjà remarqué que vous sentez quand quelqu'un vous regarde fixement. Donc, comment pourriez-vous éprouver cette sensation si vous n'aviez vous-mêmes un rayonnement personnel (que nous vous donnerons à étudier bientôt) ? Oui, comment le pourriez-vous si vous ne possédiez une force invisible et ex-

---

(1) Fluide astral.

térieure qui vous impressionne et s'influence de celle de votre observateur ?

De plus, il est relaté dans l'Evangile qu'une femme, se frayant un passage au milieu de la foule qui suivait Jésus, toucha le manteau du Maître afin d'être guérie de ce dont elle souffrait. Christ se retourna alors et dit à cette femme qu'il *sentit* être celle qui l'avait touché : « Allez, votre foi vous a guérie ! » Donc, comment Jésus aurait-il pu reconnaître au milieu de tant d'autres celle qui l'avait touché, si un échange de rayonnement fluidique ne s'était fait entre lui et elle.

On rencontre enfin d'autres preuves de cette force rayonnante dans les médiumnités et les phénomènes magnétiques, etc.

Il est alors incontestable que si *l'âme humaine* peut provoquer ces rayonnements au dehors de son corps, *la Grande Ame* peut d'autant plus lancer ses rayons par toute la Nature.

Par conséquent, nous trouvons permise et possible cette conclusion que Dieu repose au milieu de l'Infini d'où, comme l'artisan au milieu de ses œuvres, Il dirige ses créations, et qu'Il arrive à connaître tout et tout sentir et entendre par les rayonnements éthérés de son foyer d'amour !

O Dieu de bonté, fais que les erreurs soient à jamais détruites et que, l'homme Te comprenant mieux, les blasphèmes ne possèdent plus sa pensée !

VIANEY.

De la Prière

Une ignorance absurde a toujours aveuglé l'humanité autant dans ses plus futiles devoirs que dans ceux les plus sacrés, et c'est pour sa non-connaissance de la véritable foi que nous venons, en cohortes, l'éclairer et amoindrir nos souffrances. Hélas ! oui, nous souffrons de la voir ne pas comprendre mieux son Dieu d'Espérance, et notre douleur s'accroit à la vue des prélats et de leur chef qui, en réponse à cette parole de Jésus : « Enseignez », se renferment dans l'absolu silence ; *quant à l'éclosion des grandes vérités.*

Et la crainte sévit, et la mort semble cruelle. Les plus braves cœurs sentent faiblir leur courage au seuil de l'au-delà, et lorsqu'enfin sonne l'heure de la délivrance, les visages se crispent dans un dernier effort, dans une dernière lutte contre l'allégorique squelette faucheur.

Ah ! que votre faute est grande, chefs de l'Eglise, quand

vous imposez le faux et repoussez les vérités que nous révélons jusqu'aux flammes de l'Enfer, en les disant un écho d'un empire démoniaque.... Vous vous montrez savoir en cela que par le dévoilement des mystères de vos dogmes, votre puissance, jadis sanguinaire, tomberait dans le vague d'un souvenir nébuleux...

Aussi, tenteras-tu peut-être, ô toi qui succèdes aux tout-puissants du passé, de faire usage de ton pouvoir pour condamner nos pensées. Mais tu ne pourras aujourd'hui que lancer tes foudres papales sur de simples mots....... les bûchers de tes devanciers ne sont plus qu'un songe dont les peuples frémissent encore! Les sinistres lueurs n'illuminent plus les places, et l'Ame de Jeanne d'Arc ne s'envole plus en cette « *colombe martyre* » qu'aujourd'hui tu glorifies pour voiler le passé de tes aïeux.... Dieu, en nous donnant l'Espace, nous livre la liberté, et les flammes et les potences *nous* menaceraient inutilement.

A présent, c'est devant Dieu que nous parlons et non plus par tes ordres ! Aussi, venons-nous apporter la pleine lumière à nos frères, à ceux que tu laisses dans l'obscurité de l'Ignorance pour le maintien de ton infaillibilité.

Je vous le dis donc, humains : apprenez à prier Dieu autrement que de corps.

Dieu est Immatériel et vous devez vous adresser à Lui par l'immatière, par l'âme. Pourquoi alors ces génufléxions, ces prosternations, en un mot, ces exercices de corps et d'habitude ?

Votre organisme n'est en réalité qu'un instrument d'évolution dont les effets ne se reportent jamais que sur l'âme qui l'anime, et, lorsque vous vous livrez à ces pratiques extérieures, à ces inclinaisons du corps, à la récitation parlée de ces uniques formules de prière, votre pensée ne peut *que bien faiblement* parvenir à l'Amour Infini : vous la communiquez à votre corps pour son accomplissement mécanique et vous l'alourdissez ainsi trop pour que, extraite de l'enveloppe matérielle, elle parvienne à se porter dans les régions les plus pures de votre planète et *arriver immédiatement à Dieu* ; elle ne fait que se photographier dans votre astralité terre-à-terre comme la première de vos pensées, et votre âme n'en éprouve pas ce bien-être, ce bonheur attachés à la véritable élévation, celle presque inconnue en ce monde.

La pensée est indivisible et, passant par la matière, la prière perd de sa force et de sa portée morale dans les vibrations qu'elle provoque..........

Combien sont nombreuses les personnes qui, toutes au plus pieuses, prient et répètent par habitude des paroles toujours mêmes, et quel regret éprouvons-nous alors de voir que l'homme demeure encore aussi sourd à ces paroles de Jésus : « *N'usez pas de vaines redites* ». Je présume cependant que leurs éducateurs ne peuvent, comme ils le font de nos communications, condamner cet enseignement de Christ......

Donc, pourquoi les imposent-ils, les vaines redites ? Pourquoi, en pénitence de vos péchés, vos confesseurs vous ordonnent-ils de répéter un certain nombre de fois la même formule ? Et vraiment, pour quelles raisons ces formules ? Dieu n'entend-Il que celles-là ?

Non. *Vous devez prier suivant votre pensée personnelle*, et croyez bien que si vous ne dites que cinq mots spontanément inspirés par votre raison, votre élan sera plus fort que si vous répétez trente mots dictés par une autre intelligence que la vôtre !...

Jésus a également dit ceci : « Votre père sait à l'avance ce que vous lui demandez », — ce qui, avouez-le, fait paraître plus vaines encore les vaines redites.

Priez, priez par l'âme ; sentez cet élan qui vous donnera l'impression qu'une chose vague, une partie de votre être s'échappe et s'envole loin de vous ! Priez seuls et vous mêmes!

Si vous avez à remercier Dieu, ne payez ni ne chargez un autre que vous pour porter votre reconnaissance à l'Eternel. Mais, ce devoir accompli, prenez l'argent que vous aviez destiné aux offices et donnez-le aux pauvres qui viendront implorer votre pitié. En venant en aide à votre prochain, vous remercierez Dieu bien plus *qu'en payant de vaines redites*.

Interrogez votre raison et l'Evangile ! Jésus vous dit que pour aimer le Créateur, il faut savoir aimer son prochain et plus encore, peut-être, le pauvre. Par conséquent, vos meilleures prières seront toujours ces instants où vous faites le bien et la charité aux déshérités de ce monde.

Ce n'est cependant pas là ce à quoi souvent l'homme se sentait poussé par l'esprit dominatif de l'Eglise, car, si une situation de fortune lui permettait d'avoir des subordonnés, il devenait fréquemment un bourreau d'âmes (1). Il méprisait le libre arbitre que Dieu créa pour tous ; il forçait ceux qui le servaient à assister, malgré leurs convictions contraires, aux cérémonies religieuses, et si enfin leur volonté s'y refusait, il les livrait à la misère, il leur enlevait le travail et en même temps le pain et l'abri.

Donc, mes amis, incarnez, pendant un moment, votre imagination chez ces malheureux êtres que l'ignorance superstitieuse de l'homme jetait dans la famine et dans la souffrance morale, et figurez-vous être sous le joug de supérieurs qui vous menaceraient de douloureuses peines si vous, croyants, vous ne reniiez Dieu à l'instant. Quoiqu'ils disent, seriez-vous pour cela convaincus de leur doctrine antidéiste ?...

Ah ! comprenez les obsessions de mal que possédaient alors ces pauvres frères :

« Est-ce là la bonté de Dieu, puisque l'on veut qu'il en existe Un ? songeaient-ils. « En ce temple se trouvent ses apôtres et ses fidèles, autrement dit, ceux qui L'enseignent et L'adorent ! Si donc Il exauce la prière de ces âmes qui ne respectent pas la mienne, Il n'est bon que pour elles et ne l'est pas pour moi qui, quoique ne priant pas, ne fais de mal à aucun de mes semblables ! Un Dieu aussi partial, aussi injuste peut-Il exister ? — Non, puisque c'est précisément les pauvres, les esclaves d'ici bas qu'Il permet que l'on oppresse. Et quand bien même Il existerait, pourquoi, s'Il est injuste, demeurerais-je juste envers Lui, envers autrui, envers moi-même ? Pourquoi ne pas suivre la route du mal puisqu'étant miséreux en ce monde, on ne peut faire le bien selon sa raison ? »

De fait, sous l'impulsion de leur dépit, ils s'égaraient dans la mauvaise voie, et, par le passé comme aujourd'hui, l'homme, en voulant d'après lui ramener des brebis au bercail, agissait souvent de telle force (cette force qui lui est démontrée par les persécutions dont l'Inquisition et la St Barthélémy sont d'inoubliables exemples) que celles-ci s'en éloignaient davantage encore.

Je le répète : la vraie prière à Dieu, à *l'Amour Parfait* n'est pas dans la matière, mais dans l'âme parce que seule l'âme peut être *amour*..........

...... L'Eternel voulut notre bonheur à tous dans la Création, et, dans son infinie pureté, Il souffre du mal que nous avons

(1) .... et cela apparemment pour la foi. (Fénelon).

fait par la matière. Donc de même que sur votre Terre, le malfaiteur n'implorera pas le pardon de son père à l'aide de l'instrument de ses crimes, vous, âmes coupables, vous ne devez pas prier Dieu par les apparences de votre instrument de mal, par votre corps. Seule en cela l'âme doit agir et laisser son organisme, pendant toute la durée de cet acte de repentir ou de reconnaissance, la masse inerte qu'il serait véritablement sans elle ; elle ne doit plus, en priant, appartenir à son enveloppe charnelle, mais aller plus haut que ces clochers qu'ébranlent des voix de bronze et sous lesquels se déroulent ces cérémonies miroitantes de luxe, ces sacrifices où elle suit la lecture d'un livre d'heures et où, par cette dernière attention du sens visuel comme par celle de l'ouïe provoquée par les chants et les orgues, elle ne monte guère plus vers Dieu que si elle lisait un quelconque autre texte !

La prière, c'est le désir de bien faire, le désir de s'améliorer qui fait que le père pardonne à son fils les fautes passées, et si vous sentez de votre devoir de ramener au bercail des brebis égarées, montrez leur en le chemin sans brutalité, sans force ; passez leur votre conviction et vous les verrez d'autant plus grands penseurs qu'elles auront connu l'incertitude de l'antidéisme.

Même à vos propres enfants, n'adressez jamais de reproches parce qu'ils ne prieraient pas. Le Grand Amour connaît ces petits anges qui font leurs premiers pas sur votre sol d'épreuves, et, si ce n'est dans le jour, leurs âmes s'adressent à Lui dans leurs rêves heureux..... Non, ne leur adressez jamais de reproches en ce sens : contentez-vous de leur montrer l'exemple, et vous verrez leur joie d'imiter vos devoirs « de *parler à Dieu et de paraître grands* ». Dès lors, enseignez leur que la prière n'est rien si, le lendemain, on ne réalise, par mauvaise volonté, le bien que l'on s'était promis de faire ; de cette façon, les âmes jeunes deviendront plus légères ; elles seront les hirondelles de Dieu vers qui, se faisant un jour nos douces messagères, elles iront effeuiller, en même temps que les leurs, toutes les roses d'amour que nous aurons cueillies sur la route du bien ! FÉNELON.

Faites Charité !

Faites la charité, faites le bien, mes frères ! Soulagez ceux qu'oppresse la misère et apprenez leur la fraternité qui nous fait tous les enfants de Dieu ! Sachez, dans la somptuosité de votre richesse, vous souvenir de ces déshérités qui vont mendier leur pain ; et quand, en vos veillées d'hiver, vous cherchez la chaleur de l'âtre crépitant, pensez à leur détresse : ils se raidissent de froid sous leurs haillons et marchent vers l'inconnu du lendemain sur une route que la neige recouvre d'un sinistre linceul !

....

Soyez charitables sans aucun autre sentiment que l'amour et la pitié ! Ne cherchez pas de gloire en vos gestes généreux ! Bien mieux un refus qu'une humiliation à ceux qui, peut-être jadis (1) aussi riches que vous, se voient à présent obligés de venir frapper à votre porte et d'y tendre la main !

Quittez parfois le luxe de vos demeures et allez au devant de la misère ! Observez en elle ces frères dont le visage est rougi par la honte ; soulagez les et, heureux de votre respect, sans doute vous diront-ils l'aise de leurs ancêtres ou voire même la leur..... Vous comprendrez mieux alors la faiblesse de vos grandeurs humaines !

....

Prévoyez ce qu'est la charité pour Dieu ! Réfléchissez au temps que vous passez en prières, et ensuite à celui toujours trop court pour ces sublimes ouvriers qui, jour et nuit à l'occasion, travaillent pour la famille impatiente qui attend leur retour et leur gain.

Eux ne prient guère ; le temps les en empêche, et pourtant quelquefois, ruisselant sous l'effort, ils sentent leur âme vibrer en songeant à Dieu.

Oui, réfléchissez, mes amis, et dorénavant, après une simple prière, allez, dépensez votre temps auprès de ces familles, et par le second trésor que *l'épreuve* vous confia, apportez aux âmes et aux corps un peu de ce repos que la pauvreté leur ravit. Vous servirez ainsi Dieu !

....

N'encouragez pas le mal en faisant charité ! Ne dispersez pas vainement, en des milieux de passion et de vice, *ce que Dieu vous donna en tâche ici bas.*

....

(1) D'après ce qu'il nous fut dit fréquemment, l'évolution exige parfois que l'Esprit, sortant d'une incarnation passée dans l'opulence, retombe dans la misère et la pauvreté.

Faites la charité sans distinction de castes. Ne portez pas cette honte en vos âmes aveuglées ! Pitié pour votre Dieu qui nous fit tous égaux dans le sein de sa création ! Ne Le faites pas souffrir en croyant L'honorer !.... Cessez de L'apprécier comme un Dieu de colère ! Il est trop Grand, trop Miséricordieux pour avoir cette faiblesse de marquer le front de ceux que le malheur éloigna de Lui !

Jésus n'a jamais dit : «*Qui donne aux* PAUVRES CROYANTS », mais simplement : « *Qui donne aux* PAUVRES, *prête à Dieu* », et lorsqu'un malade, dont il connaissait cependant les pensées adverses, lui réclamait sa guérison, toujours il le satisfaisait.

Christ donnait en cela l'exemple que jamais il ne faut refuser son secours aux égarés que, dans un temps donné, l'on voudrait trouver au nombre de ses disciples !

....

N'hésitez pas à donner lorsque vous sentez votre cœur battre d'amour et de pitié, car ces intuitions sont de votre conscience !

....

Partagez un peu de votre bonheur avec ces êtres pour qui vous vous sentez vibrer ; vous serez de véritables apôtres de l'Amour ! Les yeux assombris et voilés s'éclairciront et abandonneront cette fixation au sol qu'impose le désespoir : ils s'attacheront davantage à ce qui les entoure, à la Nature ; ils admireront le jour fuir sous les dernières lueurs du crépuscule ; l'ouïe se prêtera mieux aux chansons perçantes des nids, aux murmures du ruisseau, aux plaintes du vent soufflant dans le feuillage. Puis, la nuit, avant de s'abandonner aux visions mystérieuses du songe, les regards que vous aurez éclaircis et illuminés de joie répondront à ceux craintifs et scintillants des étoiles.

Peut-être un jour viendra-t-il même où allant si haut, leurs effluves visuels emporteront en eux une âme qui ira saluer le Dieu qu'elle ignorait et qui, par vous, l'aura menée vers une vie meilleure.

RUF. NOEGGERATH.

Soyez patients dans l'épreuve !
Le péché originel

... Que Dieu vous bénisse et vous protège dans la tâche !...

... Dans l'Espace, l'Esprit garde le souvenir et l'impression de la vie qu'offre votre monde d'expiation. Il aime à se pénétrer

des existences qui ont le plus contribué à son initiation ou à
son développement, et moi-même, j'éprouve de la joie à rejeter
fréquemment ma mémoire dans ce passé qu'un voile épais et
sombre vous cache, frères incarnés.... Je me plais à revivre le
temps où ma vocation était de m'intéresser à tous les maux, à
toutes les douleurs que je pouvais atteindre et, chaque fois que
la vision découvre devant moi une de ces familles désespérées
qu'en si peu de mots alors je ramenais au courage, mon être
se trouble et je deviens songeur.

En réalité, l'Esprit (1) est d'une sensibilité telle qu'il vous
serait impossible d'apprécier, en votre état, cet ascendant que
le passé possède sur nous.

....

En vérité, c'est bien dans l'épreuve et dans la douleur que
repose la sublimité des existences ! Rien ne pourrait donner
à l'âme incarnée une grandeur plus solennelle, et j'aime à louer
toujours cette patience, cette volonté inflexible qui nous dé-
signe les nobles cœurs, les âmes sans reproche.

Autrefois j'exhortais au courage les créatures en qui je
pouvais rayonner, mais il m'était impossible d'exposer et
d'expliquer aussi nettement qu'aujourd'hui, la cause, la nature
et le résultat des peines et des souffrances. Néanmoins, quelqu'en fut le sens, mes paroles semblaient posséder ce ton en-
chanteur devant lequel s'inclinent les arguments les plus robustes...

... Ah ! que Vous étiez bon, mon Dieu, de m'avoir permis
cette incarnation où, par ce don matériel d'éloquence, je parve-
nais à rendre forts les cœurs faibles, parfois anéantis.

Maintenant la médiumnité nous aide à venir à vous. Nous
descendons heureux et légers dans votre ambiance, afin d'y
semer quelques parcelles de l'amour de l'Au Delà, d'adresser
quelques encouragements à ceux qui souffrent et, si nous nous
exprimons avec plus de difficulté par le médium que jadis, par
nous mêmes, nous apportons cependant plus de certitude :
nous démontrons Dieu plus juste qu'aucun de vous n'aurait
pu l'affirmer devant les préjugés et les raisonnements des
adversaires qu'il se serait faits. Nous, Esprits, sommes en quelque sorte les propagateurs en votre monde, de la Nouvelle Révélation. Nous connaissons la cause de vos souffrances, de vos
peines, de vos chagrins, et savons pourquoi vous vous trouvez

(1) L'Esprit désincarné.

au milieu de la tempête sans en avoir pu prévoir le déchaînement.

Quelles sont belles et grandes, ces paroles de Job : « Deus
dedit, Deus abstulit (1). Ah ! qu'il me serait doux de vous voir
tous, mes frères, animés d'une telle patience, d'une telle résignation ! Et pourquoi ne l'êtes-vous pas ? Pourquoi vous refu-
sez vous à comprendre que ce sont vos propres fautes qui vous
ont mené à cette expiation, comme le jeu entraîne à la ruine ?...

Je sais ! Moi-même, au temps jadis, j'ai beaucoup songé au
péché originel et, en lui, je pressentais une erreur !... Que de
fois l'homme devrait écouter ces intuitions qui, souvent, le
conduiraient à la vérité !

Quand, en ce monde, (2) je REdevins certain par l'évidence
que nous ne pouvions, au nom de la justice de Dieu, souffrir
par les fautes de nos ancêtres, je compris mieux encore la
douleur et l'épreuve.

Comme chacun de nos frères de la grande famille, nous nous
sommes transformés et avons évolué jusqu'à ce grade humain
qui nous fait tous, vous et nous, les âmes supérieures du
globe. — A ce sujet, il suffit de remarquer combien il est pénible de détruire en soi un simple penchant, pour se faire raison
de ce que dut être la durée de notre évolution.

Vivant encore dans le mal, autrement dit, dans les passions,
vous avez à expier toutes vos faiblesses et, en vous incarnant,
vous apportez à votre corps les taches de votre âme, les lour-
deurs partielles de votre invisible ; donc, se reportant sur
votre organisme à l'aide du fluide qui relie ce dernier à votre
pensée, celles-ci provoquent ces souffrances dissemblables pour
tous ou font attraction sur les influences et les désagrégeants
de toute sorte — du mal et du vice — et vous voici, en ce dernier cas, aux prises avec l'épreuve.

Jésus nous faisait du reste bien entrevoir cette expiation personnelle, *mais non ancestrale*, lorsqu'il donnait cette parabole :
« Quiconque tue par l'épée, périra par l'épée », et, puisque
vous avez vécu déjà avant l'existence d'à présent, n'est-il pas
certain que vous devenez vos propres ancêtres ?

Chacun de vous doit donc se dire en entrant dans le malheur : « Je souffre ceci maintenant parce que je l'ai infligé
autrefois à un de mes frères ».

(1) Dieu me l'a donné, Dieu me l'a repris.
(2) Dans l'au-delà.

...... Il est des incarnés qui, pour se montrer moins coupables à eux mêmes, font appel à la ruse et entraînent, dans leurs desseins, de faibles volontés qui les accomplirent follement. — Sortez de votre erreur, ô hommes qui préférez donner à autrui la charge de vos actes. Vous êtes bien plus coupables car vous devenez le double auteur de la faute commise. Quelles pénibles épreuves vous attendront un jour sur ce même sol !

En réalité, le péché originel n'est donc que le résultat de vos péchés personnels. Dieu reste alors dans sa justice infinie, et je prévois un temps où il ne vous sera plus possible de douter de Lui. Actuellement, vous ne faites que traverser une époque où l'erreur sera détruite et où s'implantera la révélation de l'au-delà.... Avec l'ère présente de l'Incertitude, passeront les leurres et les conjectures de l'humanité.

Le nombre de vos existences antérieures ne se compte plus et votre barbarie, votre instinct de carnage s'est presqu'entièrement effacé ! Aussi, contrairement à l'animal, la souffrance morale, en vous, s'égalise et se balance avec celle de la matière. C'est là que nous reconnaissons la Supériorité de l'Evolution humaine et, pour cette raison, amis, vous devez appeler plus de patience vers vous afin d'atteindre cet amour qui manque à votre âme pour parvenir à un bonheur plus pur, plus parfait.

Oui. Votre courage doit être sans borne. Il faut que vous ne faiblissiez pas devant le repentir : vous vous êtes faits coupables, sachez au moins expier. Ne vous montrez pas impuissants : où serait la dignité de votre âme si elle avait crainte de quelques ans de douleur pour une éternité d'amour et de bonheur dans l'avenir ! O incarnés ne soyez plus si petits !

Hélas ! **Comment pouvez-vous**, aujourd'hui encore, ne pas trouver belle et salutaire cette douleur qui, par chacun de ses coups, vous élève davantage vers le bien et l'amour ? Voyez quelle grandeur sacrée se peint sur le visage du courageux éprouvé !... Combien est imposant le sourire qui, chez le malade, montre la sérénité d'une âme que meurtrit la douleur !

... Quelle auréole éclatante rayonne de la conscience patiente qui, au seuil du tombeau, s'envole vers des cieux étincelants de lumière et de merveilles !... Quelle sublimité ardente vibre chez l'âme qui sait souffrir seule, sans désespoir et sans faiblesse, et quels effluves puissants de joie, de bien-être, la saturent au sortir de l'épreuve !

.... Ce n'est véritablement que par ses propres malheurs que l'on arrive à se pénétrer mieux de ceux d'autrui.

La douleur vous trace l'avenir ! Quelle harmonie grandiose prend source en elle, et comme l'on est heureux lorsqu'emporté sur ses ailes, on se retrouve bien haut, loin du mal et des passions.

Ah ! mes frères, que ne pouvez vous mieux comprendre le bonheur qui passe en vous sous l'affreux aspect de l'expiation. Que ne pouvez vous savoir la joie future que vous y puisez ! Et encore, suffirait-il que vous approfondissiez un peu la vie de ceux qui vous environnent, pour que souvent vous trouviez la vôtre douce et paisible !

Tout le monde pâtit sur Terre, mais hélas, tous vous ne possédez pas cette volonté puissante de la patience ; beaucoup même s'égarent en réfléchissant aux existences d'ici bas et se donnent volontairement la mort, ayant sans doute espoir en un séjour plus calme et plus clément. Est-ce donc là le courage de l'homme ; est-ce là l'âme qui veut s'améliorer ?

O frères terriens, soyez patients dans l'épreuve. Sachez souffrir pour revenir en ces hauteurs suprêmes où le bonheur vous attend. Souvenez-vous que sans souffrance, vous n'y parviendriez pas, vous n'aimeriez pas vos semblables, vous n'aimeriez pas Dieu. Admirez la douleur qui voile les regards et assombrit les visages. Saluez ces grandes âmes qui pâtissent en silence, sans plaintes, sans chute morale ; saluez-les bien bas car elles iront beaucoup plus haut, elles deviendront bien plus grandes, plus belles, plus éclatantes et plus sereines que la vôtre qui, par son agitation et la faiblesse de sa volonté, afflige les êtres chers qui la soignent et l'encouragent ! Si après elles vous expiez encore ici bas, elles reviendront vers vous et vous apporteront quelques bonnes influences, quelques encouragements comme, moi-même, je le fais aujourd'hui.

Alors, vous soupirerez peut-être : « Je n'ai pas voulu apprécier dans le passé cet amour que, par d'autres souffrances, j'entrevois maintenant davantage ! La patience a fortifié ma vue et je puis reconnaître que vraiment, seule, la résignation, par l'amour qu'elle procure, mène les âmes à Dieu !

BOSSUET.

La Foi d'amour

Votre interprétation actuelle de la Foi est fausse, car vous ne la comprenez que dans un sens matériel et terre-à-terre. Pour elle, vous vous imposez de nombreuses pratiques en des temps absolument fixés et, pour ne parler que de la prière, *chaque matin et soir* vous élevez vos pensées vers Celui qui est *Éternel* et par conséquent *négatif aux heures d'ici bas*. Selon vous, vous commettriez un grand péché en manquant à ces devoirs que vous remplissez avec autant d'exactitude que s'ils concernaient l'entretien et la nourriture de votre corps.

Donc, mes amis, réfléchissez un instant : est-il réel que vous dussiez ainsi prier à des moments *invariables ?* .. *Non*, et j'ajouterai même que Dieu serait injuste s'Il exauçait chacune de vos prières attendu qu'Il serait obligatoirement plus miséricordieux pour la Terre, par exemple, que pour d'autres mondes d'où la prière Lui serait également adressée chaque matin et soir mais où, par contre, la durée des jours serait plus longue.

En conséquence, il apparaît clairement que le meilleur sacrifice envers l'Amour Parfait n'est pas celui de la demande ou de la promesse, mais celui de l'action, de l'évolution éternelle, et qu'enfin la prière ne devient absolument nécessaire (pour ne pas dire obligatoire) que dans l'épreuve ou dans la tentation....

Faire le bien et semer l'amour autour de soi : voilà la véritable Foi !

Aime ton prochain comme toi-même : tel est encore le grand Enseignement que vous devez respecter !

Mais, hélas ! les croyants les plus fervents ont-ils cette pitié, ce dévouement, cet abandon du *moi* pour autrui, qui font l'amour ? — Où est le pardon dans l'humanité, ce sentiment qui répand l'harmonie dans l'existence des êtres ? Où est ce respect du prochain *matériellement* plus bas ? Où est enfin l'amour sur votre globe, cet amour qui fait notre bonheur ?...

Que votre humanité est triste, mes amis ! Plus nous l'observons, plus nous la trouvons morne ! Plus nous l'étudions, plus nous la voyons se plonger dans la souffrance, dans la douleur ! Aussi, comprenez, admirez cette image exquise qui transformerait votre vie, cette image où les ennemis (ô mot insensé) se pardonneraient dans une étreinte toute de bonheur et d'émotion.... Et, somme toute, vos ennemis ne sont-ils pas votre prochain comme les meilleurs de vos amis ? — Ils sont plus que votre prochain ; ils sont vos bienfaiteurs ; ils sont ceux qui, par les épreuves qu'ils vous livrent, par les souffrances qu'ils vous donnent, vous aident à évoluer, à devenir plus robustes dans le bien, à comprendre la vie. Et vous, ingrats inconscients, vous les maudissez au lieu d'aller vers eux et de les amener à s'améliorer !

Oubliez l'égoïsme et l'amour-propre qui ne sont en somme que les descendants de la matière et de l'orgueil ; aimez tous vos frères sans exception aucune, car si vous n'aimez pas votre prochain vous ne pouvez pas aimer Dieu, et qu'importent alors les prières si vous n'aimez pas celui que vous priez ?

Sachez que pour avoir la Foi, il faut avoir l'Amour car il n'y a pas de foi sans amour de même qu'il ne peut exister d'amour pur sans foi....

La Foi d'amour vous portera au loin de la matière. Par elle, le grand se fera l'égal du petit. Les diversités incarnantes n'hallucineront plus l'âme et la raison par les grandeurs éphémères qu'elles apportent. Les souffrances disparaîtront : vous serez d'un monde meilleur....

Croyez nous, mes amis : ne tardez pas davantage à vous mettre à l'œuvre : ce serait un temps inutilement perdu ! Entreprenez la lutte qui, sans aucun doute, sera dure et chaude. Cherchez à parvenir bientôt à ce grand but : le bonheur de votre âme, la fin de vos maux.

Abreuvez votre soif d'action dans le bien plutôt que dans le mal ; ne détruisez pas les molécules vitales de votre corps dans d'inutiles œuvres ! Anéantissez les discordes ; ramenez l'harmonie dans votre ambiance ; semez l'idée de bien ; faites germer l'amour dans les cœurs ; aimez toute la Nature, depuis l'atome jusqu'à l'Immensité, parce que tout est l'œuvre de Dieu ; soyez charitables et compatissants : vous serez les vrais croyants, vous aurez la véritable Foi ! vous serez les réels apôtres du bien et de la vérité !

Puisez vos forces dans l'Immense Volonté de Dieu ; suivez le grand exemple de Jésus dans l'épreuve, et votre pensée atteindra votre Père, car vous aurez compris la vie matérielle et, par conséquent : la non existence de la matière pour l'Amour Infini !

LERMON.

LES FAUX ATTRIBUTS DE DIEU

L'Enfer

Si vous en croyez la religion, l'enfer éternel est un lieu d'oubli et de flammes qui menace l'homme à chacun de ses pas sur la route de la vie. Cependant, si vous compariez la bonté et la miséricorde de Dieu à cette damnation sans espoir de délivrance, vous ne pourriez que voir germer de nombreux doutes en vous, doutes que je me propose de changer en certitude.

... La religion, en affirmant l'existence de ce vain songe qu'est l'Enfer, a fait une nouvelle erreur et répandu une grande confusion sur la Divinité. Du reste, pour le comprendre, il suffirait que vous observiez un peu la vie terrestre, cette v`, qui n'est que luttes et épreuves et durant laquelle personne ne pourrait dire ne pas souffrir. Il faudrait en effet, pour croire à cette cruelle expiation et à l'unité d'existence, imputer à Dieu l'action de créer dans la douleur et de faire se prolonger cet état dans l'Éternité. Cela serait-il possible ?

Nous protestons vivement : nous nous refusons à une croyance aussi blasphématoire ! Certes non, il ne se peut pas que Dieu vous livre à une existence terrestre où vous pâtiriez sans cause et où, parce que d'une intelligence peut-être moins évoluée, certains êtres se prépareraient plutôt que d'autres à un avenir éternel de peines sans égales.

Il est concevable, par exemple, qu'une créature, née de parents d'une certaine élévation morale et recevant une éducation robuste, serait toujours plus apte à se maintenir dans le bien et aurait par conséquent plus de chance aux réjouissances célestes qu'une autre qui, issue d'une famille inférieure et animée de sentiments tirant encore de la brutalité bestiale, se sentirait plus facilement entraînée vers le mal.

De même, l'homme riche, parce que disposant de tout son temps, n'ayant aucune inquiétude du lendemain, n'essuyant que des épreuves minimes *en apparence* (1) et pouvant se con-

(1) La richesse matérielle est une longue épreuve pour l'âme, une épreuve bien plus lourde à soutenir que la misère la plus accentuée.

Vianey.

fesser chaque fois qu'il le désire, aurait plus d'accès au ciel que l'homme sans ressources qui, relancé d'épreuve en épreuve et travaillant chaque jour pour son pain du lendemain, ne pourrait guère se livrer aux pratiques et aux devoirs que lui ordonne sa religion.

Comme vous le constatez, l'existence de l'Enfer serait la négation complète de la Justice Divine, et, je l'ai dit tantôt, la croyance à l'Enfer est une croyance blasphématoire qui met en relief l'injustice apparente des existences terrestres et qui rend déiste, l'homme irréellement heureux et riche, et athée, le pauvre matériel.

C'est pourquoi nous vous le disons : l'Enfer n'est autre que tous ces mondes expiatoires qui gravitent dans l'Espace et sur lesquels chacun souffre matériellement ou moralement, suivant son degré d'évolution.

Mais, me demanderez-vous, l'éternité de la peine est-elle réelle ? — L'Eternité de la peine réside dans le libre arbitre. L'être qui se refuse à évoluer et se maintient dans la bassesse, sera souffrant plus longuement que celui dont le désir d'amélioration est vif et sincère.... L'expiation est en somme aussi longue, aussi cruelle que vous la voulez vous-mêmes.

L'enfer n'existe pas ; seule est réelle la réparation des fautes, c'est-à-dire, ces vies éprouvantes que vous augmentez en nombre par votre propre volonté et votre manque de courage.

Expiez donc avec ardeur. Aimez Dieu toujours davantage et sachez reconnaître sa pitié infinie, sa bonté immense, son amour inépuisable, qui ne peuvent certes pas avoir été entachés de cette colère sans pardon, cette colère créatrice de l'Enfer !

VIANEY.

La Confession

Après avoir étudié la nature réelle de l'Enfer, approfondissons ce qui, d'après la religion, peut le mieux vous en préserver.

C'est d'abord la confession, laquelle consiste dans l'énumération et l'accusation de tous les péchés que l'on a pu commettre jusqu'au moment du repentir, à un prêtre qui, *homme*, a le pouvoir de pardonner les égarements *des autres hommes*.

Cependant, quoique l'on dise sur ce dernier point, il est facile de remarquer que la confession n'apporte aucunement au corps, la suppression des souffrances qui pourtant, étant les conséquences des fautes antérieurement commises sous l'impulsion de la pensée, devraient s'atténuer à cet instant même où, dit-on, par l'absolution, se produit l'allègement de l'âme.

Nous trouvons d'ailleurs l'entière confirmation de cette avance en cette relation de l'Evangile qui nous apprend que Christ disait à ceux qu'il guérissait : « Allez, *vos péchés vous sont pardonnés. Soyez guéris !* ».

Il faut alors conclure que si *l'expiation* ne disparaît pas avec le *pardon* qu'accorde la confession, celle-ci n'est plus actuellement ce que Jésus désignait à ses Apôtres par ces paroles : « Les péchés seront remis à ceux à qui vous les remettrez ; ils seront retenus à ceux à qui vous les retiendrez ».

Jésus parlait en ces termes à ses disciples qui immortalisèrent ses révélations et à qui il disait aussi : « Enseignez. — « Guérissez les malades »…. Mais à présent, où sont les enseignements qui ne sont pas contraires à la pensée du Christ ? Où sont les guérisons apportées par les successeurs des apôtres, et pourquoi leur absence ? Lorsqu'une révélation doit être appliquée en trois points, on ne la néglige pas dans sa propre racine : l'Enseignement et ses ascendants.

Une religion, pour être parfaite, ne doit buter aucune intelligence ; chaque question doit trouver solution en elle.

Donc, attendu que l'enseignement n'est plus celui que Christ avait tracé à l'aide de ses allégories et que les guérisons n'existent plus, pourquoi le pouvoir de la confession serait-il encore ? — Tout doit subsister ou tout doit disparaître. Aussi convient-il d'ajouter : puisque les souffrances, autant morales que matérielles, se prolongent après l'absolution, le pouvoir attribué à celle-ci n'existe pas davantage que celui des guérisons, d'autant plus que la confession, telle qu'elle est comprise aujourd'hui, est plutôt, pour l'homme, un obstacle qu'une facilité pour s'améliorer, car bien souvent, croyant que l'aveu du lendemain lui apportera le pardon, il se laisse dominer par les passions.

Approfondissons maintenant les paroles du Christ.

Si les apôtres avaient remis les péchés à certains et les avaient retenus à d'autres, cet acte eut manqué de justice. L'Enseignement de Jésus avait donc un sens bien plus profond que celui apporté en vous par la lecture superficielle, et voici quelle en devait être la seule et véritable interprétation :

« *Ceux à qui vous remettrez les péchés*, c'est-à-dire, à qui vous
« jugerez bon de faire entrevoir le pardon ; en qui vous croi-
« rez pouvoir amener une guérison de l'âme ; à ceux enfin que
« dans un sincère repentir, vous verrez se promettre ne plus
« faillir, enlevez le fardeau intellectuel comme vous enlevez ceux
« de la maladie du corps, de l'obsession et de la possession, car
« à ces frères, *Dieu pardonnera.*

« Mais à ceux en qui vous ne trouverez pas de réel regret et
« à qui vous aurez déjà pardonné sans fruit, laissez l'expiation,
« le remords, car vous leur donneriez un espoir irréel et fatal à
« eux mêmes ; *Dieu n'efface pas les fautes de ceux dont il con-*
« *naît la non sincérité du repentir et de la promesse !*

Ainsi donc, Jésus apportait le pardon pour tous, mais il
enseignait cependant de ne plus pardonner à ceux qui s'abandonnent volontairement au mal, sans quelque effort pour s'améliorer. Il livrait la confession aux apôtres pour qu'ils ramènent
au bien les peuples ignorants et qu'en interrogeant ceux-ci sur
leurs fautes, ils puissent les guider et les exhorter à ne pas se
maintenir dans le mal.

La confession était par conséquent un enseignement supplé-
mentaire par lequel les disciples devaient ramener dans leur
voie les pécheurs qui se confiaient à eux, et les avertir que tel
égarement était trop important pour obtenir pardon, *sans réparation matérielle.* (1)

Mais aujourd'hui l'évolution s'est opérée, mes amis, et
pour être pardonnés, adressez-vous directement à Dieu, à
l'Amour. Accusez-vous dans l'élévation de votre âme, mais
non par de simples paroles comme, par exemple, vous le feriez
aux magistrats matériels du monde incarné.

Faites-vous juges de vos propres péchés. Repentez-vous en
faisant en bien l'équivalent de vos fautes. D'ailleurs, mes
amis, Dieu est impartial, et à vous seuls vous L'atteindrez
davantage que par l'aide « *d'intermédiaires auditeurs* ». Dieu
entend tout et écoute toutes ses créatures ; Il pardonne peut-
être même plus sûrement à celles qui, plus évoluées que par
le passé, savent maintenant se faire juges d'elles-mêmes et
s'imposer la réparation qu'elles se sont attirée !

VIANEY.

(1) « Quiconque tue par l'épée, périra par l'épée. »

La Résurrection et le Jugement Dernier

J'espère que vous avez su reconnaître que la vraie confession est celle directement faite à Dieu avec cœur et regret, d'autant plus que comme je vous le disais aussi, il n'est plus de votre évolution de croire encore à la nécessité d'intermédiaires pour parvenir à Lui ; Étant Infini et pouvant rayonner partout, il est incontestable qu'Il soit autant avec vous qu'avec d'autres, et ce serait Le méconnaître que de Lui imputer cette partialité qui Le ferait être plutôt en relation avec certains *privilégiés*.

A ce propos, rappelez-vous les erreurs et les méprises qui résultèrent de la mauvaise interprétation de l'Évangile par ces mêmes privilégiés. Feuilletez l'histoire et voyez toutes ces découvertes entravées et combattues par l'Église, parce qu'étant, paraît-il, en contradiction avec les Écritures. Souvenez-vous aussi de ces horribles et cruels massacres de l'Inquisition, et de toutes les victimes que cette même Église fit et tînt sous sa puissance....

Alors vous me direz si Dieu pourrait être Juste en communiquant de préférence avec ces tout-puissants par la force qui firent souffrir ses autres fils : pour s'unir à une personne ou à un groupe régi par certaines idées, il faut en partager les opinions et en approuver le mode d'action. Donc (puisqu'il vous est enseigné que Dieu communiqua de tous temps avec l'Église) faudrait-il aussi Le comprendre méchant et cruel ?...

D'autre part, s'il est vrai que l'Église respecte les Écritures en certains points, que de fois aussi elle les néglige. Comment comprend-elle, par exemple, cette maxime de Jésus qui prescrit de tendre l'autre joue lorsque la première a été frappée ? — Vous l'avez appris maintes fois.... Comparez encore la naissance de Jésus dans la crèche, sur la paille, au luxe pompeux déployé par la religion (marbre, or, soieries et parures éclatantes). Est-ce là suivre l'exemple du Christ qui aimait l'infortune parce que sachant que c'est chez les âmes obsédées par la pauvreté que souvent l'on trouve le plus d'amour et de compassion... Et amis, c'est paraît-il pour appeler Jésus vers les hommes que l'Église a besoin de tant d'or et de grandeurs ornementales.

Ne croyez pas que je vienne ici vous dire qu'il n'y ait pas de bons et dévoués prêtres, de vrais serviteurs de la religion. Je ne vous rappelle tout cela, mes frères, que pour vous faire entrevoir Dieu plus Grand et plus Amour !... Non, ce n'est pas vous, bons prêtres, que je veux atteindre de mes réfutations. Je vous aime de là haut et ne connais que trop bien votre *impuissance.*

....

Maintenant que nous avons approfondi la préparation à l'éternité heureuse, passons à la résurrection.

L'Eglise soutient que nous ressusciterons avec ce corps que vous possédez actuellement et que nous possédions jadis, c'est-à-dire que nous retournerons à une vie *matérielle.*

Voyons donc comment Jésus s'est exprimé à ce sujet. « Le fils de l'homme ressuscité et glorifié, dit-il, placera à sa droite les bons, à sa gauche les méchants ; les derniers iront à la mort éternelle et les premiers à la vie ».

Sachant en outre que toutes les planètes sont habitées, devons-nous ne comprendre la résurrection que simplement terrienne, autrement dit, antérieure à la jonction des mondes du système désorganisé ? — La parabole du Christ semble nous l'indiquer et puisque, toute vie étant éternelle, la fin d'un monde est le commencement d'un autre, il est incontestable que *la résurrection,* ou plutôt, *la désincarnation totale se fera entre la destruction et le relancement de la Terre dans l'Espace quand tout se sera fluidifié.* C'est d'ailleurs là une chose toute naturelle.

Cette conclusion nous permet donc de contredire l'Eglise quant *à la résurrection en chair et en os,* en cet état qui rendrait éternel notre état contraire à Dieu, à l'Amour Parfait.

De plus, le corps qui à présent ne vous apporte que passions et vices, souffrance et expiation, pourrait-il être pour vous un objet futur de bonheur et de délices ? — L'âme correspond à la légèreté ; la matière à la lourdeur. Quelle harmonie pourrait alors unir ces deux éléments ? aucune, je crois, car toujours la matière *charnelle* ne sera qu'épuration mais non épurée. Il y aurait donc grande erreur à croire qu'elle puisse procurer le bonheur sans revenir à son unité première, à sa légèreté *fluidique universelle,* c'est-à-dire, sans se décondenser.

Du reste, le Christ a dit : « Homme, tu n'es que poussière et tu retourneras en poussière ». Nouvelle allégorie qui, imageant la partie la plus subtile, la plus minime de l'universel matérialisé et condensé, pourrait, aujourd'hui que l'esprit a progressé, se traduire en ces termes : « Homme, tu n'es que fluide et tu retourneras en fluide ».

D'où cette déduction de vérité qu'en ce temps futur, nous parviendrons à la réelle vie où notre âme éthérée sera entourée d'un corps universel (et non matériel) qui, absolument distinct d'elle-même, lui permettra l'abord des mondes et la matérialisation sur les globes supérieurs. D'ailleurs, je pense qu'il nous serait bien impossible de trouver un corps dans la matière qui à cette époque sera détruite.

A ce sujet, il convient de relever encore une contradiction ; je veux parler de ce que vous appelez ici bas : les derniers sacrements ou extrême onction.

Suivant le pouvoir que l'Église attribue à ce sacrement, il ressort en effet que par lui, la matière corporelle devrait être entièrement épurée et allégée pour l'abolition complète de la souffrance dans la béatitude et le bien-être futurs. Donc, comment se fait-il que telle serait l'influence sur les mourants alors que sur les personnes *seulement souffrantes, la guérison partielle* ne peut être apportée par les prêtres ? Comment se fait-il aussi que ceux de vos frères qui échappent à la mort, après avoir reçu ces sacrements, sentent malgré tout se prolonger en eux la douleur et l'épreuve ? Faut-il conclure encore que l'extrême onction n'a, comme la confession, aucune efficacité contre le destin et la réparation future, et que, par conséquent, la résurrection en chair et en os ne pourrait exister sans souffrance pour quiconque ?

Telles sont les questions auxquelles je vous laisse le soin de songer et de répondre. Amis, au revoir !

VIANEY.

Dans ma dernière communication, je vous ai démontré que la résurrection devait être, sinon immatérielle, tout au moins semi-matérielle. En conséquence, nous ne ressusciterons pas en chair et en os comme votre croyance d'hier vous l'inspirait, mais bien en cet état complètement moral, hors de la souffrance physique.

Cette résurrection accomplie, l'Église vous enseigne encore que l'homme sera soumis au jugement dernier.

Donc, si l'on veut prendre comme réalité le sens figuré du texte transcrit dans le nouveau testament, on fera s'opposer deux allégories : d'un côté, Jésus nous donne en effet cette prophétie du jugement dernier, et d'un autre il nous apporte cette révélation : *Dieu n'est pas un Dieu des morts, mais un Dieu des vivants.* N'est-il pas dit cependant que les méchants tomberont dans la *mort* éternelle, à l'époque du jugement définitif.

Il est alors certain que cette prophétie est bien allégorique, d'autant plus qu'il ne peut y avoir, dans l'Infini, ni gauche ni droite, et en réalité, la gauche de Jésus ne pourrait se trouver en regard de la mort éternelle puisque celle-ci, représentant le néant, ne saurait exister dans l'œuvre infinie du Créateur.

....

Voyons maintenant comment vous devez comprendre l'image du jugement dernier.

La Terre, après son anéantissement vital, revêtira les différentes apparences que vous avez observées dans la mort des mondes, jusqu'à ce moment où, éclatant, le globe se divisera et se décondensera suffisamment pour être relancé en étoile filante. Alors se réalisera la prédiction de Jésus : les bons c'est-à-dire les esprits améliorés, resteront dans les couches supérieures, en ces régions de l'astralité qui, par l'attraction centrale plus puissante que par le passé, se seront rapprochées de la croûte (avant que celle-ci soit détruite) et auront refoulé et fait se mêler au terre-à-terre les trois plans inférieurs de l'au-delà, c'est-à-dire ceux où peuvent vivre les esprits les moins évolués.

Je cite le troisième plan pour cette juste raison que nous remarquons toujours que Jésus, en quelque occasion que ce soit, ne descend jamais plus bas que cette élévation, et, s'il se communique, ce n'est que par le dédoublement de son rayonnement qu'il fait agir à distance chez le médium.

Pour se rapporter à sa prophétie, il y a donc tout lieu de croire que, venant assister ses frères, il se tiendrait à cette limite, et que les esprits placés supérieurement à elle demeureraient au dehors du chaos. Puis, l'étoile filante pénétrant, dans ses courses momentanées, les astralités des autres mondes, ces esprits plus élevés se sentant en des fluides propres à leur évolution, s'y arrêteraient et cesseraient d'être âmes terriennes. Au contraire, les esprits les moins élevés, étant mêlés à la masse convulsée, ne pourraient s'en détacher et demeureraient fixés à la Terre.

En concluant ainsi, nous retrouvons la pensée de Jésus, cette image de la mort et de la vie : en effet, les âmes avancées partiront vers d'autres vies, vers d'autres existences, tandis que les esprits les plus inférieurs et trop méchants encore pour quitter la terre, pour s'incarner sur d'autres globes, sur des mondes plus épurés, retomberont dans la *généralité* du feu astral, dans le globe en fusion, en reformation, et seront par conséquent dans un véritable enfer, dans les flammes qui ne brûlent pas, la matière étant devenue insensible par sa fluidification.

Donc, retournant à l'état d'âme générale, c'est-à-dire, *au néant de leur individualité*, ces esprits ne succomberont-ils pas en réalité ? De plus, ne savez-vous pas que chez les incarnés, la mort n'est que la destruction *apparente* de la personnalité, le retour de la matière charnelle au tout matériel, le retour de la poussière dans la poussière ? — Il en est de même ici où l'âme retourne à son tout, à la généralité de l'âme centrale.

Il est alors juste de convenir que Dieu n'est pas un Dieu des morts, mais un Dieu des vivants ; n'est pas le Créateur du néant, mais bien d'une vie infinie et toujours plus belle !

VIANEY.

Ayez Foi et Courage

Ne craignez jamais notre Père, vous Le feriez souffrir. Non, ne Le craignez pas, sa bonté est trop grande ! Il est la grande source qui, par ses flots toujours renouvelés, apporte la vie et la force autant au ruisseau limpide et plaintif qu'au torrent qui gronde en son lit rocheux et large.

Chacun reçoit selon ses besoins !

Etudiez les paraboles de Jésus. Vous comprendrez que jamais Dieu ne refuse pardon ni miséricorde. Faites de même envers votre prochain : n'aimez pas seulement en paroles, par les lèvres, mais aimez en effets et en vérité.

Tout se transforme pour devenir meilleur, et l'intelligence ne peut tomber plus bas que le but qu'elle a atteint par ses propres efforts.

Les aspects matériels ne sont rien ; ils sont souvent contraires à la vérité. L'arbre le plus fort doit craindre bien plus la tempête que le frêle arbrisseau.

....

Si plus tard, lorsque les étoiles se détacheront et tomberont dans les cieux, vous vous perdez dans l'immensité de l'âme terrestre parce que vous n'aurez pas compris votre but d'amour, Dieu saura votre détresse et vous y soutiendra par sa bonté infinie. Puis, lorsque cette évolution vous fera renaître encore dans un corps plus léger, moins aveugle et moins souffrant, son souffle puissant nous portera vers vous ; et quand devant les paysages de votre nouveau séjour, vos regards ressembleront à celui de l'enfant au sortir d'un doux rêve, nous nous dresserons à vos yeux comme les anges de vos songes et nous vous dirons :

« Frère, tu es homme et ton père est Dieu. Il est bon et Il « t'aime.....

« .... Va vers le rivage... embarque toi sur l'océan de la vie, «.. de ton frêle esquif, brise les flots adverses,.. surmonte la « tempête ; ... aime ceux de tes semblables que tu rencontre- « ras dans cette immensité ; secoures-les et sauve-les du nau- « frage... Aime tout ce que tu vois, jusque ces vagues dont « l'écume jalouse blanchira tes avirons ! »

Jusqu'à ce jour, frères, hâtez-vous d'aimer Dieu et votre prochain. Profitez de cette sève fertile qui vous pénètre et vous fait grandir dans le bien, dans l'harmonie de la Nature. Ne vous retardez pas ; élevez-vous bien haut, bien haut, et échappez à la fin de votre monde en parvenant plus vite à l'amour de vos frères, à la charité et au bien !

Un Esprit de Vérité.

Le Surnaturel n'existe pas dans l'Œuvre de DIEU

De même que les découvertes contrariant les dogmes de la religion papale étaient jadis condamnées pour cause de discordance avec les Ecritures, nous sommes aujourd'hui considérés comme suppôts de Satan parce que nous opposons la vérité à l'erreur et que, veut-on bien dire, nos relations avec votre monde *sortent du naturel.*

Ne retrouve-t-on pas cependant, dans les Ecritures, des saints (des âmes sanctifiées *par l'Eglise*) correspondre avec les incarnés ? En parcourant l'histoire des peuples, ne rencontrez-vous pas aussi nombre d'inspirés dont l'exemple le plus connu est celui de Jeanne d'Arc, brulée par les pionniers de cette religion qui enseigne pourtant que *seulement* HAÏR *son frère* (comme l'a dit Jésus) *correspond à un meurtre de l'âme* qui est AMOUR ? — Quel double et odieux meurtre alors que de brûler par haine, c'est-à-dire, opérer vengeance sur le corps en même temps que sur l'âme !...

Aujourd'hui l'Eglise, voulant réparer le passé, rappelle vers elle et prétend béatifier cette douce et courageuse *inspirée* que jadis elle condamnait comme *possédée de l'Enfer* !

Pour la glorifier, ô Pape, vous faites même orner de sa statue chacun des temples de votre religion . Mais comment interprétez-vous alors ces paroles du Christ : « *Mes enfants, gardez-vous des idoles* » ?.... Pourquoi tenir encore les peuples aveuglément soumis, sous le joug de la crainte ? — Ah ! que votre tâche deviendrait grande et belle si vous enseigniez un Dieu plus Infini et plus élevé que celui *anthropomorphe* dont l'image, dans les églises, se confond à celles des bienheureux.

A tous les êtres dont le corps est dissemblable du sien, l'homme *n'attribue que l'instinct*, et vous, vous osez donner à Dieu votre forme humaine ! Voyez combien nombreuses sont les apparences animales ! Donc, puisque d'après vous Dieu a la forme humaine, faut-il conclure que l'homme a déjà presque atteint la divinité ? Blasphème ! Respect pour Dieu, ô pape ! Gardez-vous des idoles. Elevez l'Amour parfait plus haut, au travers de son Infini grandiose et merveilleux. Justifiez sa bonté, sa grandeur, sa puissance, davantage que vous ne le faites. Usez de ce pardon que vous ordonnez à autrui, et n'excommuniez pas les fidèles qui essaient de soulever votre joug ! Souvenez-vous d'ailleurs de ce passage de l'Evangile qui vous dicte que : *rien n'existe caché qui ne puisse être découvert*.

Ce dernier texte vous indique de plus que le surnaturel que vous attribuez à nos communications n'existe pas, et que par conséquent nous ne sommes pas ces « suppôts de Satan » que vous dessiniez à la crédulité passive de vos soumis.

Hélas ! que nous importeraient les appellations par lesquelles vous nous désignez si un autre devoir ne s'affirmait : le jet de la lumière sur vos peuples ! — Notre orgueil est bien trop affaibli pour venir nous révéler l'opposé de ce que l'on nous croyait par votre faute et notre conscience est trop sereine pour nous pousser à de telles réfutations si, d'abord, la connaissance de Dieu, l'athéisme naissant ne nous inspirait ce dévoilement que nous faisons par amour pour l'humanité et si, ensuite, nous ne devions montrer ce que nous sommes réellement pour que notre enseignement soit approfondi avec bienveillance et ardeur, avec confiance et sans crainte.

Et vraiment, Dieu aurait-Il voulu le *surnaturel* dans la *Nature* ? — Ces deux états, étant opposés l'un à l'autre, ne peuvent se confondre, et puisque vous vivez au milieu de l'un d'eux, la Nature, vous ne pouvez prétendre découvrir en lui le surnaturel.

Dieu, étant Amour, est plus Grand encore que vous ne L'enseignez, et cet Amour plus Grand qui fut révélé par Jésus ne pourrait punir, comme vous le dites, les communications qui nous relient aux incarnés. Celles-ci, au contraire, vous (et nous) élèvent davantage vers Lui parce qu'elles sont « *amour* » elles mêmes : C'est l'amour du prochain qui mène les chercheurs de l'harmonie et du bien vers nous. C'est l'amour paternel et filial qui transporte les incarnés vers les communications si chères, si précieuses, des défunts pleurés et regrettés. C'est l'amour des âmes des deux mondes qui les fait se rapprocher et se dire leurs bonheurs ou leurs peines. C'est enfin l'amour posthume qui entraîne les cœurs solitaires d'ici bas vers les âmes bien aimées, dans l'espoir de détruire, en les interrogeant, cette crainte cruelle du néant, et de savoir si vraiment l'on pourra s'aimer et se rencontrer encore dans l'au delà, dans le bonheur !...

Cessez donc vos erreurs, papes et prélats de l'Eglise. Sachez que le Surnaturel n'existe pas dans la Nature, dans cette œuvre infinie du Créateur ! Non ! Tout est naturel, et puisque Dieu permet le bonheur des Ames ; puisqu'Il permet cette effusion d'Amour entre deux mondes qui s'élèvent mieux alors vers Lui, il est de votre devoir d'ordonner, ô Pontife des Croyances, que l'Erreur soit dévoilée et que l'Enseignement sublime, que Jésus nous donna dans la pauvreté, soit dès lors mieux connu, mieux compris... Combien votre bonheur serait louable et grand lorsque l'écho des vallées et des plaines vous apporterait le son des cloches appelant les fidèles à vos nouvelles instructions plus élevées et plus vastes...

Comprenez nous, et au lieu des ruses de Satan, vous appré-
cierez notre révélation !

Dieu de bonté, Dieu de justice, que nos paroles puissent
rendre ta gloire plus puissante !

Amis, Au revoir !

ABÉLARD.

Humain, crois en DIEU

En niant l'existence d'un Dieu Suprême, d'un Créateur
Infini, tu t'es égaré dans le faux, humain, et tu t'enlizes dans
les obscures profondeurs de l'absurdité. C'est pourquoi
nous t'engageons à suivre cette voie que nous te retraçons.

... Tu as peut-être déjà prévu ta fausse route, et l'obsession
de ta pensée se borne alors à un doute cruel.

De ce doute je me rends véritablement compte, et je comprends aussi ces troubles de crainte et d'effroi qui te péné-
trent lorsque, rentré en ton foyer, tu te vois vénéré de ta
famille, de tes jeunes enfants, et qu'au dehors se déchaînent
les éléments de la Nature...

Ton incertitude est fondée sur ce principe que la présence
d'un Dieu n'est pas apparente à l'homme. Mais que de choses
te sont également incompréhensibles ?

Tu ne veux admettre que cette Nature toujours jolie, jamais semblable ; et cependant, reniant son Créateur, peux-tu
croire encore à ce coin de l'Infini que tu admires ? Peux-tu
assurer l'existence d'un effet qui n'aurait pas eu de cause ?

— De deux choses l'une : ou, si tu renies Dieu, la cause, tu ne
peux reconnaître réel, l'effet, la Nature, la Création ; ou, si
tu affirmes que la Nature existe, tu dois comprendre aussi
qu'un grand Créateur est indispensable.

Vois tes œuvres : s'achèvent-elles sans ton intelligence,
sans ton énergie vitale ? Non, et sache qu'il en est de même
pour tout ce que tes sens peuvent enregistrer.

..... Aujourd'hui, avec le doute, ta pensée se trouve plongée dans le scepticisme le plus rigoureux. Irrité à la vue
des misères humaines qui d'après toi encore n'avaient aucune cause, tu t'es révolté devant l'Injustice *que tu croyais
Divine* et, renversant du même geste toutes tes connaissances, tu proclamas ton incroyance.

Mais, ne t'illusionne plus et apprends que tout n'est
qu'apparence dans la matière. Les potentats, les richissimes

de la Terre, sont parfois bien plus petits, bien plus faibles
que les miséreux. La vie d'ici-bas, autrement : la vie d'incarnation est une époque illusionniste de l'âme, une vie négative, par conséquent irréelle. De même que dans un rêve, tu
te jettes sans résistance dans les phases parfois si fantastiques qui le forment, de même dans la vie, tu te jettes pieds
et poingts liés dans l'épreuve et attires toujours de nouvelles
souffrances, de nouvelles peines par tes multiples craintes du
lendemain et par les influences que tu récoltes de tes semblables..... De même aussi que tes rêves correspondent à ton
affaiblissement matériel, à tes préoccupations, à ce qui t'a révolté ou frappé, de même ici-bas, en commettant le mal, tu
affaiblis tes forces rayonnantes et harmoniques, tu fortifies la
matière qui n'est que mal et passion, et, par l'infériorité de
la puissance spirituelle sur le corps ainsi produite, tu subis
les ascendants de la matière, tu t'abandonnes de plus en plus
à elle, tu as l'*illusion* du mal,.... tu expies.....

Tout, en ce monde, n'est que songe ; la matière n'est rien :
seule l'âme se révèle et existe, et pourtant tu ne la vois pas
davantage que Dieu. Mieux vaut d'ailleurs que l'Éternel
échappe ainsi à tes sens que de t'apparaître en un Dieu visible, par conséquent matériel, qui, comme les grandeurs et les
prétentions du monde incarné, ne serait réellement cette fois
qu'un souffle vain qui passe et qui se perd....

Donc, te serait-il possible encore de renier Dieu quand,
toi, tu ne pourrais, sans te nier toi-même, ne pas croire à
l'âme, à cette force personnelle qui fait mouvoir les corps et
les immobilise à son départ !

Dieu est l'Ame de l'Infini, l'Ame Immense et Vaste en
toutes choses, comme toi, tu es l'âme infinie des parcelles de
ton corps. Les rayonnements de l'Infiniment Bon s'étendent
partout et relient ce partout à Lui-Même.

Mais, me diras-tu, comment, toi révélateur d'un Dieu en
qui je ne croyais plus, me prouves-tu l'Infinie Justice qui
L'anime et Le fait rayonner ? Voici humain.

Quoique pour toi ait été Christ, tu ne peux malgré tout
que l'apprécier comme une grande intelligence. Les peuples
du passé n'auraient certes conçu une révélation aussi sublime,
et comment d'autre part reconnaitrais-tu différemment que
par la réalité, ces prophéties que chaque jour l'on trouve plus
justes ?... Comment hésiter devant une moralité aussi magna-

nime dont l'origine remonte aux temps du vice, de l'igno-rance et de l'incompréhension ? Transporté d'admiration à la vue d'un héros, tu ne pourrais ne pas l'être à la mémoire de Jésus. Donc, en disant à ses apôtres : « En vérité, je vous le dis : avant qu'Abraham fut, j'étais », ne révélait-il pas la succession des existences ? N'explique-t-il pas encore ailleurs que « pour atteindre le bonheur et la joie céleste, *il faut re-naître de nouveau* » ; ne reconnaissons nous pas alors là, la justice de Dieu, cette justice qui nous fait revivre sur un même sol pour expier simplement le mal que nous y avons commis antérieurement.

Aussi, fils de la Terre, sois certain de ta fausse route, et suivant cette autre maxime du Christ qui nous rappelle que « *Dieu ne veut pas qu'aucun de ses petits périsse* », aban-donne ta doctrine néantiste. Suis nos conseils ; élève-toi vers un Dieu plus Grand et plus Juste que tu ne Le croyais ; abhor-re le néant, jette-le dans l'oubli et, pénétré de vérité et de foi, adresse-toi à l'Eternel : prépare ton pardon !

. . . .

Dieu de Lumière, permets que nos révélations soient justes et sans erreur. Répands tes flots d'amour sur l'Immensité de tes mondes. Fais que nos voix immatérielles atteignent les justes et les bons et sèment partout ici bas la vérité si grande et si belle. O Toi qui es si Miséricordieux, détruis le doute et l'ignorance en tes peuples exilés, et, à ceux qui répandent l'erreur, pardonne en leur faisant entrevoir la faute et le devoir.

Nous, tes fils, qui te savons si Grand, nous aidons faiblement à la lumière, et notre bonheur, notre seule prière sera pour cette humanité que nous voyons dispersée tant et plus dans l'Infini, sur d'innombrables astres, car nous avons compris qu'il y a *plusieurs demeures dans la maison de notre Père*......

... Et toi, Jésus, homme si avancé, si juste, frère si pénétré d'amour, nous t'aimons mais nous ne t'adorons pas, car nous nous gardons des idoles et tu n'es pas un Dieu. Tu nous l'as dit déjà et, d'ailleurs, sur Terre, tu n'as jamais révélé ta Divinité.

Fais et demande à notre Père que cette œuvre soit celle du bien et de l'Amour, celle vraiment à dédier à l'Humanité.

VIANEY.

Troisième Partie

Le CORPS HUMAIN et ses FORCES actuellement inconnues

Les MÉCANISMES de la SOUFFRANCE

PREMIÈRE SÉRIE

La Vie et l'Animisme du Corps

L'Organisme Humain

Après être montés près de Dieu, dans son voisinage de félicité et d'amour, revenons à l'étude de la planète, de cet atome de l'Infini, et dirigeons nos observations sur l'atome de l'atome : l'homme.

Si je vous dis que le but de cette communication est de vous exposer la composition de l'organisme humain, n'allez pas croire que je viens vous répéter ce que l'écho de vos études nous apporte. Non ; nous ne sommes pas ces débris intelligents, ces êtres qui, paraît-il, puisent leurs messages dans la pensée des assistants. Par vous-mêmes, vous pourrez donner un démenti formel aux sceptiques qui nous attribuent cet état, car nous vous exposerons, dans cette partie d'études, des sujets qui vous sont inconnus et dont, par conséquent, personne d'entre vous ne sera l'instigateur involontaire.

Je viens en réalité vous décrire l'organisme humain, non pas celui là seul que vos savants anatomistes connaissent, mais encore *ces forces, ces énergies* qui, malheureusement pour vos connaissances terriennes, échappent au scalpel et à tout autre instrument de dissection.

La découverte de l'électricité vous a démontré l'existence d'agents invisibles ; et pourtant l'électricité n'est pas le seul fluide existant dans l'Espace : il y en a une infinité.

Donc, puisque vous avez vu précédemment que tout, dans la Nature, a le même principe de vie, pourquoi l'homme, ou plutôt le corps créé par le globe lui-même, n'aurait-il pas, comme ce dernier, une astralité et une âme, des fluides invisibles et impalpables ? C'est d'ailleurs ce qui existe !

Le corps, tel que vous le voyez, est mû par une âme, et cette dernière, toute formée de parcelles centrales extériorisées, parvient à le commander à l'aide d'un intermédiaire qui est l'astralité, autrement dit (pour ne pas confondre avec l'organisme des globes) la force périspritale (1).

La nécessité d'un intermédiaire reliant la pensée au corps pour la vie incarnée est d'ailleurs suffisamment démontrée en ce que la première ne peut influencer aucune autre matière inerte ; et, pour plus de précision, nous, esprits, ne pourrions nous communiquer à vous sans l'intervention des médiums dont la force périspritale est plus rayonnante et, par conséquent, plus assimilable à nous. D'autre part, si la force périspritale est éteinte, épuisée dans un membre du corps, il s'en suit la paralysie, la *mort* de ce membre. (L'âme, privée de son intermédiaire, ne peut plus commander à cette division du corps)....

... Mais vous étudierez tout cela ultérieurement et revenons en à l'image du corps humain.

Je le répète : l'âme, dont les principales facultés sont : la pensée, la volonté, l'énergie, etc., etc.... est la cause première de la vie corporelle ; c'est elle qui entretient les organes, y dirige les forces vitalisatrices et qui, en un mot, harmonise toutes les fonctions. Elle a de plus la faculté de diriger son action en différents points à la fois, et cela sans désharmonie ; l'homme pourra, par exemple, penser, marcher, manger et admirer ce qu'il a devant lui, sans que cependant un épuisement, une faiblesse en résulte.

De là vient cette conclusion que l'homme a en lui-même une force complètement invisible et insécable, une force qui, toute distincte de l'âme, se partage ou se réunit suivant qu'elle est attirée par la volonté, à un ou plusieurs endroits. Il est toutefois incontestable que puisque cette force en est l'intermédiaire, il faut qu'elle ait les deux propriétés de l'organisme, c'est-à-dire, qu'elle renferme en elle la force éthérée qui la relie à l'âme et le fluide universel qui l'unit à la matière. (Un

(1) De périsprit (péri, *autour* ; spiritus, *esprit*).

interprète devra connaître, sans aucun doute, les langues qu'il doit traduire s'il veut arriver au résultat).

Remarquez, mes amis, que nous retrouvons ici la nature de l'astralité planétaire, cette force également intermédiaire des masses dont vous êtes les microscopiques....

... Si de plus près nous observons l'organisme de l'homme, nous verrons que dans chacune des innombrables cellules du corps se trouve une quantité harmonique de cette force périspritale, comme vous mêmes avez une quantité harmonique de l'astralité du globe.

Le rôle réel de la force périspritale consiste dans la traduction de la volonté de l'âme sur le corps et dans la transmission à l'esprit, de tous les besoins matériels.

Se moulant dès l'enfance, l'ensemble de cette force fluidique revêt les formes du corps incarnant et constitue le périsprit qui, comme un second corps, semble entourer l'esprit et le retenir en lui. De même, après la désincarnation, le périsprit conserve l'apparence de sa dernière enveloppe charnelle, et c'est par son intermédiaire que nous pouvons nous unir à vous et nous révéler à vos sens.

En résumé, chez l'incarné, la force périspritale représente la vitalité du corps. C'est elle qui communique à tout l'organisme les vibrations vivifiantes de l'âme ; qui relie et unit les deux négations que sont l'éther et l'universel ; et de même que, dans la vie des globes, la désharmonie de l'astralité correspond aux déluges, aux révolutions de la masse matérielle, de même, dans le corps humain, la désharmonie périspritale communique à l'âme et au corps les souffrances matérielles et morales. La folie, l'obsession, et tant d'autres affections de la pensée ou de la volonté, ne sont en réalité que le résultat de la désharmonie de cette force ; du rapport irrégulier existant entre l'âme et les sens.

Enfin, pour terminer, retraçons en quelques lignes l'image de l'organisme de l'homme.

Premier principe. — L'AME, qui produit la vivification du corps, communique la volonté et donne le mouvement. L'âme c'est la pensée, la réalité de l'homme incarné.

Second principe. — LE CORPS : résultat de la condensation universelle et, par conséquent, principe négatif du premier (éther). Le corps représente l'immobilité, le néant apparent et, cela se conçoit, l'irréalité. Vous connaissez le reste de son organisation.

Principe intermédiaire. — FORCE PÉRISPRITALE. — Puissance universelle et éther unifiée qui, par son influence propre, relie les deux autres principes de l'organisme. Par l'union confondue de son universalité avec son éthérité, toutes les vibrations, tous les besoins matériels se répercutent d'abord en elle et parviennent à l'âme. Inversement à cela, la volonté de l'âme se passe à l'éthérité du périsprit qui la propage dans l'universalité qu'elle sature et qui, à son tour, la reporte au corps passif et mécanique.

....

Dès aujourd'hui, nous laisserons place à notre frère Meudon qui, guérisseur de l'Espace, vous exposera les mécanismes de votre organisme que moi-même, précédemment médecin de de la matière, je ne connaissais guère ici bas. Aussi, combien à ce propos nous plaignons ceux qui sur votre petite planète pensent réellement tout savoir et qui, dans un temps donné, se trouveront obligés de constater jusqu'à quel point étaient incomplètes leurs connaissances matérielles....

Dʳ DEMEURE.

L'Incarnation et la Naissance

Nier la réincarnation, ce serait nier le progrès car, sans elle, vous ne pouvez expliquer ces nombreux exemples que vous fournissent les arts et où certains enfants, dits prodiges, révèlent, dès leurs premières années, un goût, une adresse et une expérience que quiconque n'atteindrait qu'après d'attentives études.

Les érudits d'ici bas s'efforcent cependant de solutionner ces mystères de l'intelligence humaine en les attribuant à l'hérédité. A ce sujet, je vous ferai remarquer que l'on peut d'autant moins croire à ces influences se communiquant de génération en génération, que les mêmes phénomènes se retrouvent chez des familles reconnues ignorantes. D'ailleurs, admettant même qu'il en soit ainsi, comment comprendrait-on cette autre bizarrerie où les enfants d'une famille d'érudits sont parfois incapables de s'assimiler l'enseignement des hommes ? Comment se ferait-il aussi que dans une même famille les intelligences soient si souvent différentes l'une de l'autre ? Donc, en vérité, l'hypothèse des influences ancestrales doit être écartée et, selon moi, seuls, la réincarnation et le faible ressouvenir qu'elle procure dans la jeunesse, peuvent solutionner ces énigmes de l'âme.

Chacun a son degré personnel d'élévation, et si sur ce point un doute subsistait encore en vous, je ne comprendrais guère votre justice lorsque vous déclarez un fou meurtrier irresponsable de ses actes fâcheux, tandis que parfois, vous condamnez d'autres frères d'une responsabilité *seulement apparente*. (1)

Il serait du reste inutile d'insister davantage puisque la réincarnation procure au pécheur l'épreuve expiatoire et applique en leur réalité ces paroles de Jésus : « A chacun, selon ses œuvres ».....

L'Esprit désincarné erre, cherche et vit dans l'Espace comme le fait l'âme d'un globe, après la destruction de celui-ci. Pour vous, la seule différence entre ces deux cas est que vous ne pouvez voir la comète humaine comme vous distinguez la comète planétaire ; cela s'explique par l'importance opposée de ces deux âmes.

Moins l'Esprit s'est élevé et allégé, plus il se trouve emporté vers le Terre à Terre par les courants inférieurs et matériels de l'astralité : plus vite il se réincarne. Les animaux arriérés, par exemple, retombent presqu'aussitôt dans un corps ; ceux que vous appelez domestiques, parce que plus évolués, plus allégés que les autres, sont quelques mois, parfois plus d'une année sans se réincarner ; l'homme, même les sauvages de vos jours, ne se réincarne jamais qu'après un an, et, au fur et à mesure que l'Esprit s'élève davantage du troisième plan, la réincarnation devient de moins en moins rapprochée de la désincarnation, parce que rendue plus ingrate par le développement, par l'éclosion de l'âme. (Il se comprend que l'âme qui a développé sa pensée, son jugement et sa conception intelli-

(1) J'ai dit « d'une responsabilité seulement apparente » pour cette juste cause que le second pourrait très bien obéir aux instincts de ses aïeux, tout autant que le premier, à sa folie. (Meudon)).

gente, autrement dit, celle qui a évolué dans le bien, dans l'éther, doive, dans le but de sa revivification, demeurer plus longtemps dans l'astralité : celle-ci étant, comme vous le savez, d'une nature supérieurement universelle et par conséquent inférieurement éthérée, il est facile d'admettre que l'esprit élevé rencontre plus de difficulté à réacquérir en elle sa force éthérée épuisée, que l'esprit retardé qui, par sa propre essence matérielle, se revitalise aisément dans l'ambiance toute universelle du Terre à Terre).

Passons maintenant à la description des mécanismes de l'incarnation et, pour entrer en matière, disons que celle-ci consiste dans l'action par laquelle l'esprit s'unit et s'assimile à son corps futur.

Les esprits des derniers plans se réincarnent sans le savoir presque : demeurant dans le terre-à-terre, c'est-à-dire dans le voisinage constant des incarnés, ils se sentent sans cesse attirés par les influences des êtres d'une même évolution que la leur, et un jour vient où ils se troublent et tombent dans une sorte d'hallucination. Puis, s'attachant souvent davantage à une famille, bientôt et sans le prévoir, chacun d'eux se trouve retenu complètement ici bas et parfois se confond peu à peu aux rayonnements d'une mère future (à condition toutefois qu'un autre esprit ne l'y vienne précéder à dessein. Dans ce dernier cas, il se trouve dès lors fixé à cette famille comme un véritable satellite, et cela jusqu'au moment où son guide viendra le rappeler à la réalité).

Il est juste d'ajouter ici que ce mécanisme n'est pas un hasard simple mais provient de plus haut, de la Grande Ame. Il est remarquable en effet que cet entrainement dans l'hallucination survient toujours après une faute commise, telles l'obsession, la possession, etc.

L'Espace est un monde tout comme le vôtre, et de même que vous ressentez pour la vie matérielle, cette attraction que vous appelez « l'instinct de conservation », de même nous, esprits, éprouvons un recul devant l'Incarnation.......

....

Les esprits s'incarnent très souvent dans les mêmes milieux, autrement dit, dans leur ancienne famille, ou par défaut, chez des amis de celle-ci pour que, se retrouvant au sein des affections antérieures, il les cultive à nouveau et les rende plus profondes. C'est ainsi que fréquemment on voit plus d'affinité et d'amour entre deux amis que l'on n'en rencontre entre parents : cela est compréhensible par cette loi d'épreuve et d'évolution qui change le titre paternel en celui filial, l'affection des parents en celle d'amis, et ainsi de suite. Aussi, aimez quiconque de vos frères, ô amis, car vous ne pouvez savoir si le malheureux que vous rencontrez sur votre route ne fut pas jadis un de vos pères, un de vos frères, un de vos bienfaiteurs........

Dès l'annonce matérielle, l'esprit se rapproche de temps en temps du corps en formation auquel il mêle ses fluides pour lui être bien assimilé. Il opère le plus souvent pendant le sommeil de la mère et, ses effluves fluidiques se mêlant à l'astralité maternelle et vibrant atomiquement contre ceux futurement corporels, il aide en réalité à la condensation de sa prochaine enveloppe. Puis, au moment où son universalité astrale (1) devient trop puissante, trop confondue à l'organisme formant pour lui permettre de retourner dans l'Espace comme il le faisait jusqu'ici, l'esprit tombe dans un coma qui, étant produit par le contact prolongé de la matière, est la réelle cause des diverses durées de l'incarnation. Ainsi, les esprits d'une matérialité encore prépondérante seront plus vivement attirés et retenus au corps que ceux qui, le fluide éther l'emportant chez eux sur l'universel, se trouvent moins prenables par le condensé.

Tombé dans l'incarnation, l'esprit est aveuglé et bloqué dans un néant de pensée : il perd tout souvenir. C'est à ce moment que le guide (2) commence sa tâche. Toujours assez élevé pour retrouver le passé de son protégé, il déverse en celui-ci une harmonique quantité de fluides vivifiants et concentre plus encore d'énergie vitale aux organes ou aux facultés devant être éprouvés davantage. Par cette action qu'il continue régulièrement jusqu'à la naissance, il aide l'esprit à prendre possession du corps dans lequel toutes les forces vitales s'accumulent et se resserrent entre elles.

Enfin, l'union incarnante achevée, la naissance arrive. Pendant quelques temps encore, le guide entretient l'harmonie vitale de l'incarné, et ce n'est que lorsque la vie est bien assurée dans le corps qu'il se retire et remonte dans l'Espace d'où il veillera désormais sur l'exilé.

(1) Ou périspritale.
(2) Esprit protecteur. Chacun de vous en possède au moins un personnel.

En ces guides, vous avez dû reconnaître déjà vos anges gardiens. En vérité, vous êtes bien gardés, mes frères. Toujours
de là haut quelqu'un veille sur vous. Aussi, faites-vous plus
forts dans la souffrance, dans l'épreuve, et sachez sentir près
de vous une âme vous comblant de son affection et partageant
vos peines. Appelez-la ; rien ne fait si vous ne connaissez son
nom : veillant toujours sur vous, elle entendra votre plus
faible appel, votre plus courte pensée à son égard.

En vos heures de défaillance, appelez également l'âme de
Jésus. Elle saura vous aider dans la tâche car, si elle ne
vient à vous, ses effluves vous parviendront malgré tout ré-
confortants et chauds ! Au revoir.

MEUDON.

Guide guérisseur et protecteur.

Les Influences de la Vie

Les instructions de l'au delà devant être toutes morales,
puisque s'adressant autant aux jeunes incarnés qu'à leurs
ainés, je n'ai fait que traiter dernièrement des circonstances auxquelles l'esprit doit se livrer pour s'incarner dans un
corps, et vous laisse le soin d'étudier et de comprendre le
rôle de la matière : esprits de l'Espace, nous ne nous atta-
chons qu'à l'étude des âmes et aux influences réciproques
entre celles-ci et les corps.

Continuons donc nos études et, soulevant le voile des nombreux mystères de la vie incarnée, intéressons nous d'abord
à ce lien si grand et si fort qui existe entre la mère et l'enfant.

La Sympathie Maternelle. — Le corps, pendant sa formation, est saturé et traversé constamment par les effluves périspritaux maternels. Les volontés, les désirs, les sentiments et
les affections de la mère pénètrent ce corps où déjà se loge un
esprit livré au sommeil léthargique de l'incarnation. Donc,
quand la naissance arrive, l'esprit apporte avec lui des idées
encore sourdes, des fluides maternels qui, dès le développement de son intelligence, le pousseront vers celle par qui il put
s'incarner. (1)

(1) Comme je vous l'ai démontré la fois dernière, il ne saurait encore
être question ici des influences ancestrales. Personne ne pourrait diviser
une partie de son âme, celle-ci étant individuelle.

Il peut y avoir influence passive, comme chez le sujet dans les opéra-

C'est alors que vous voyez l'enfant être relié étroitement et mystérieusement à sa mère, et cela jusqu'au jour où ses fluides devenus plus puissants s'individualiseront. Ce n'est d'ailleurs qu'à ce dernier moment que se révèle le réel caractère de l'homme, et, pour rendre bon ce dernier, il est absolument indispensable que les parents l'éduquent pendant la durée de leur influence temporaire ; en vérité, s'ils ne profitent de cet effet de nature pour faire acte de volonté et user de leur ascendant, il arrivera que l'amélioration voulue et désirée trop tardivement ne se fera que très rarement, et seulement encore par la grande sévérité si accablante, si douloureuse autant pour l'enfant que pour eux.

A ce sujet, l'enfant n'ayant pas été, cela se comprend, autant saturé par les fluides de son père que par ceux de sa mère, il est à remarquer que l'autorité paternelle, parce que plus énigmatique, est toujours plus puissante. Quant à cette saturation fluidique supérieurement opérée chez la mère, il est facile de la contrôler par la dépense périspritale à laquelle celle-ci (1) est soumise à l'époque de la naissance : l'enfant mis au jour emporte en lui ce contingent de forces qui fera bientôt la sympathie maternelle, mais qui n'en est pas moins, pour celle qui l'a conçu, une perte d'énergie qui irrégularise momentanément les rapports des organes affaiblis avec l'âme, circonstances qui, comme sans nul doute vous le savez, pourraient se terminer fâcheusement sans un repos bien observé.

Quoique les fluides personnels de l'enfant se supériorisent et individualisent le caractère au bout d'un certain temps, l'influence périspritale relie la mère et l'enfant jusque dans l'au-delà et, sur Terre, de nombreux phénomènes que vous

tions magnétiques et hypnotiques ; il peut y avoir sympathie, c'est-à-dire effet de cette grande chose répartie parmi tous et partout : l'Amour. Mais de là à croire à l'hérédité de facultés ancestrales, il y a erreur. Dans les premiers cas, vous ne devez voir que le résultat de la répartition, de la division ou de la confusion des forces passives de l'Esprit, résultat que d'ailleurs vous obtenez à chaque instant, en conversant entre vous ; tandis que dans le dernier, en jugeant possible la transmission entre ancêtres et descendants de ces facultés de l'âme qui, par leur absence, ou seulement même par leur désorganisation partielle, provoquent chez l'incarné : la folie, et chez les esprits : le remords et d'autres troubles hallucinatoires (ce qui prouve bien qu'elles sont indivisibles de leur tout, de l'âme), vous franchissez au contraire le domaine de l'impossible, quant à l'organisme terrien. (Meudon.)

(1) La mère.

cherchez en vain à vous expliquer, se révèlent et s'affirment par elle.

La voix du sang. — Beaucoup voudraient, par exemple, résoudre le problème de la « *voix du sang* ». De fait, le sang n'est qu'une essence matérielle par elle même et par conséquent inintelligente : il représente la matière corporelle en voie de condensation, c'est-à-dire, la matière qui, tantôt, viendra remplacer celle de maintenant qui se sera usée et désagrégée par le mouvement.

Cette *voix* ne peut donc être que celle de l'âme, celle qui vibre partout (l'énergie périspritale influente chez la mère, influencée chez l'enfant), et n'est en somme que le résultat d'une attraction sympathique, comme vous en remarquez chez les astres : les soleils, autrement dit, les globes qui, en eux mêmes, ont porté les planètes en leur état fluidique et astral, retiennent et entraînent dans leur course ces mêmes planètes qui, pourtant, se sont individualisées d'eux.

La force de la sympathie. — La force de la sympathie est immense, car si c'est elle qui attire, c'est elle aussi qui donne répulsion entre deux créations lorsque le courant les reliant est rompu : c'est ce qu'alors vous appelez antipathie.

Il se produit parfois des courants de sympathie très puissants et suffisamment forts pour se peindre sur la force imaginative. Il arrive en effet qu'une personne incarnée plaignant un malade et lui disant avec âme : Oh ! si je pouvais prendre en moi votre mal », éprouve subitement la douleur, alors qu'un soulagement immédiat se produit chez le souffrant. Mais il est bien remarquable qu'une douleur ainsi acquise ne dure jamais car, la sympathie reproduisant son courant entre les personnes, la douleur s'annihile et s'efface dans la joie.

L'épreuve. — Passons maintenant à un autre sujet : celui de l'épreuve.

Le développement corporel étant entièrement accompli et l'harmonie se trouvant établie entre les différentes forces spirituelles et matérielles, l'esprit élargit sa pensée et s'oriente dans la voie.

Souvent entraîné par le faux bonheur, par l'oisiveté, par les folles et trompeuses passions, il abandonne et livre sa jeunesse incarnée aux promesses frivoles, aux joies irréelles ; il oublie momentanément sa conscience, il brise sa volonté et il va, il va sans vue et par instinct jusqu'au moment de la souffrance. Il est d'ailleurs avéré qu'il est plus facile à l'homme de s'égarer sur la route du mal que de retrouver celle du bien quand il s'en est éloigné : sur le droit chemin, l'humain se trouve attiré de toutes parts par les influences supérieures des passions et, lorsque malheureusement il s'engage dans le vice, il ne peut, pour réacquérir sa dignité, que lutter contre les chaînes souvent insécables des influences funestes et plus fortes. Il est du reste si ingrat (et pour cause) de faire comprendre et d'effectuer le bien que l'on désire produire en ce monde, que l'on peut déduire, sans crainte de se tromper, que trouver l'homme réalisant ici bas autant de bons actes qu'il n'en a et n'en fait de mauvais, est chose impossible.

Jugeant ainsi que tous les incarnés s'abandonnent supérieurement au mal et que, d'un autre côté, tous sont destinés à la souffrance, il reste véritablement à conclure que dans toutes les passions et les vices, vous devez retrouver la cause de vos peines et de ces maladies qui vous font entrevoir la vie sous un jour nouveau et vous aident à retrouver l'intuition de votre conscience. C'est en effet par la maladie que l'homme acquitte sa dette de bien envers ses frères et se promet de consacrer, après sa guérison, le plus possible de ses forces et de sa vie pour le bonheur et la joie de sa famille et d'autrui.

Afin donc d'éviter toutes ces misères humaines, c'est à vous, spiritualistes et spirites, qu'il appartient de montrer le bien en des tableaux plus grands et de détruire les influences mauvaises d'ici bas. C'est à vous, chercheurs de la vérité et de l'amour, qu'il incombe de démontrer l'erreur de la matière.

Mais, hélas, permettez ma remarque. Combien de vous ne comprennent encore notre révélation et, chers amis, combien je peux, pour ma part, et dans votre ambiance restreinte, en connaître qui, loin de l'amour, s'entourent d'égoïsme et se refusent parfois au devoir de secourir les éprouvés. Retenez donc que vous n'atteindrez vraiment votre but que lorsque vous saurez aimer vos ennemis souffrants et leur venir en aide, et, pour commencer, apprenez à vous dévouer sincérement pour ceux qui, connus ou inconnus, ne vous ont encore fait aucun mal ni porté aucun préjudice.

Les actes de bien et d'amour seront un jour toute la flore de

9

l'humanité. Préparez alors votre monde à recevoir cette grande
fécondation divine.

MEUDON.

Nota. — Avant de m'éloigner de vous, je tiens à ne pas
laisser naître en vos esprits de doutes sur vous-mêmes ; c'est
pourquoi je reviens vous dire de suite que les paroles qui
terminent ma communication de ce soir ne s'adressent à aucun de vous, mais à certains de vos frères qui, un jour, se
retrouveront en cette allusion.

MEUDON.

Les Influences de la Vie (*suite*)

La conscience. Un des mystères qui le plus rendent obscur
le problème de la vie est, sans contredit, le cas de la conscience.

Aucun incarné n'échappe à cette voix qui, toujours plus
forte que l'Esprit, le soumet, le dompte et l'éprouve suivant
l'évolution acquise ; pour ceux qui n'en ont encore connu le
dictamen, j'ajouterai même qu'aucune souffrance peut-être
ne se compare à celles endurées par le malfaiteur aux prises
avec le remords. La cause en est d'ailleurs que cette voix supérieurement éthérée, parce que provenant de plus haut, démontre à l'homme en un cadre plus grand l'horreur de ses
fautes et mieux lui fait comprendre ses torts.

Ne croyez pas cependant que cette voix soit mystérieuse ;
elle ne l'est aucunement. Son mécanisme est basé sur des lois
des plus naturelles : sur l'amour, sur l'antagonisme du bien
et du mal, et n'est en réalité que le résultat d'un courant fluidique sympathique reliant l'incarné à l'au-delà, le protégé à
son guide. Du reste, pour vous bien édifier sur le sujet de la
conscience, il suffit que vous vous reportiez à la vie des mondes : le soleil, ce *guide* astral qui vivifie et entraîne les planètes *condensées* (pour l'homme vous diriez *incarnées*) vers leur
évolution, peut en effet être comparé au protecteur (guide)
qui, gardant sur l'incarné, après la naissance, une influence
semblable à celle maternelle, demeure en constante communication avec celui qu'il protège. Aucune des actions de celui-
ci ne lui échappe, et le mécanisme de la conscience peut en
somme être rapproché encore de celui où Dieu, par le rayon-

nement des astralités des mondes qui se répercute en ses masses pures et éthérées, parvient à tout connaître.

Lorsque l'incarné fait une bonne ou une mauvaise action, la pensée active vibre dans le rayonnement de cette influence éthéro-matérielle et parvient au guide. Celui-ci, par l'intermédiaire suggestif qu'est en réalité la conscience, doit absolument, au risque même de produire désharmonie et souffrance en celui qu'il aime, le ramener à son but, ou dans le cas contraire, le devoir lui devenant un bonheur, il s'efforce de fixer son protégé toujours davantage sur la droite voie et de le pousser vers un progrès toujours plus vaste.

Cette influence suggestive est d'autant plus négative et inharmonique que le mal commis a avili l'incarné et en a matérialisé et maculé l'esprit : d'ailleurs, si maintenant nous comparons la conscience à la suggestion que vous provoquez par l'hypnotisme et le magnétisme, à nouveau nous retrouvons les mêmes lois. Ainsi, si la suggestion passée à un sujet est opposée à sa propre volonté, il s'en suit que le phénomène ne réussit pas et, conséquence plus grave, si le sujet est trop développé pour résister au commandement de l'opérateur, l'intelligence peut se frapper et une aberration des facultés mentales résulter de la fréquence de semblables expérimentations.

Je disais donc que plus le mal a été bassement produit, plus le dictamen est contraire ; voici pourquoi. S'il est exact que le bien allège l'âme, il est également certain que le mal l'alourdit. Par conséquent, la pensée, rayonnant et portant vers le guide l'influence mauvaise qu'elle a fait naître, ne peut, à cause de sa lourdeur acquise, atteindre plus haut qu'elle même, et les désagrégés, demeurant alors en son ambiance et reconstituant en quelque sorte, par leur tout fluidique, l'acte matériel, arrivent, dès la réaction du guide, à la saturer de leur essence, à se graver en elle et l'impressionner.

C'est en somme un phénomène antipathique résultant de la négation que déjà maintes et maintes fois nous vous avons dite exister entre le fluide éther (fluide supérieurement propre aux guides) et le fluide universel (qui se rencontre en plus grande quantité dans les désagrégeants de l'incarné), et qui explique ici que les deux natures se choquant sans pouvoir s'unir (à cause de la supériorité du protecteur) amènent la désharmonie morale du remords.

Entrevoyez maintenant les souffrances endurées par les guides des égarés. Leur douleur est grande mais, par contre, ils sont heureux de pouvoir se pénétrer dans la minimité des leurs, des peines et des douleurs soutenues par le Grand Créateur qui voit souffrir les fils qu'Il avait voués au bonheur.

MEUDON.

Guide guérisseur et protecteur.

Le TRANSFORMISME du CORPS

La Condensation et la Désagrégation

Au cours de vos promenades matinales, en aspirant les doux parfums de vos jardins, ne vous est-il jamais arrivé de vous dire : « Quelle jeunesse anime ces fleurs ! Que de fraîcheur celles-ci semblent puiser en la vaporeuse rosée ! Mais... que seront-elles demain ? » — Hélas ! demain, les heures, si courtes pourtant, auront enlacé déjà aux tiges maintenant droites et flexibles, la chaîne de la vieillesse et du passé, cette chaîne qui, trop lourde, les fera se pencher fanées et mourantes vers le sol qu'elles dédaignent aujourd'hui pour sourire au soleil ! Puis, lorsqu'à leur règne éphémère aura succédé cette détresse, d'autres bouquets, absorbant la vie perdue de ceux flétris, s'épanouiront à leur tour et maintiendront au dessus des tapis de verdure la fierté de leurs ancêtres, l'encens de leurs senteurs.

S'il aime la Nature, en admirant ces nombreuses et minimes destinées animer la sienne, l'homme doit penser à son Dieu qui assiste tristement à l'évanouissement des vies incarnées éprouvantes et successives de ses fils déchus.

....

La fleur se redresse dans le splendide océan de la lumière solaire ; elle vibre au passage des ondes vitales de la chaleur, et son calice, lançant autour de lui un présent de sa vie, exhale dans l'atmosphère ses agréables parfums.

De son côté, l'homme se dresse vigoureux et fier au milieu de la Nature ; il aspire l'astralité vivifiante de son âme et l'universalité (1) fluidique de son corps ; il lance dans son propre entourage les parfums de sa pensée, de sa conscience, et s'auréole de bien ou se vulgarise dans le mal, attirant ainsi vers lui l'admiration plus ou moins grande de Dieu, comme la fleur, suivant ses parfums et sa beauté, l'attention de l'homme.

....

Tandis que demain, faisant survivre son baume odorifé-

---

(1) Nature du fluide *universel*.

rant à sa première floraison, la plante lancera sa sève vivifiante dans les tissus des boutons alors épanouis, l'homme
animera une matière à chaque instant transformée et nouvelle ; rendant durable le but matériel qui l'entraîne (le bien
ou le mal), il transmettra sa pensée à des tissus toujours
nouveaux et la fera emporter au delà de la matière annihilée
et désagrégée par elle, les images de son âme, ses senteurs
plus ou moins purifiées, l'exhalaison de son amour.

Pareillement à ces odeurs florales qui, quoique subtiles,
ne sont en somme que le fluide de la sève attiré et emporté
par les rayons solaires ; semblablement à cette vivifiante substance végétale que le soleil dématérialisa et transforma sous
son attraction centrale en ces parfums impalpables et invisibles, la pensée humaine fluidifie à son passage les parcelles
nécessaires à ses propres vibrations et à celles de la matière.

Enfin, de même que la plante puise dans le sol le fluide
de la sève qui à nouveau vient à lui manquer, l'âme astralisée de l'homme soutire dans l'atmosphère les fluides matériels et éther qui viendront revivifier et fortifier les facultés et
les organes affaiblis par la désagrégation.

Il se remarque encore en ces images que tout dans la Nature est livré au transformisme ; que toutes les créations sont
livrées aux mêmes lois divines, et que si la fleur d'aujourd'hui
ne sera plus celle de demain, l'organisme humain ne sera
non plus semblable à celui d'à présent.

Tout en réalité est livré à la condensation et à la désagrégation fluidique et matérielle, autant les âmes que les
corps dans chacune de leurs facultés ; et, pour bien orienter
nos descriptions sur ce sujet, commençons par l'étude de la
condensation du corps matériel.

Par la respiration, l'homme absorbe les fluides de l'astralité. Aussitôt pénétré dans la matérialité, l'éther (quantité
presque insignifiante) remonte vers l'âme qui l'attire par sa
supériorité de puissance fluidique. Au contraire, l'universel
différemment condensé dans l'atmosphère tombe dans les
tissus pulmonaires et s'y maintient tant que le sang vienne l'y
prendre ; puis, il s'unit à ce liquide vivifiant qui, dans sa
course à travers le corps, le fait rayonner partout et revivi-

fier les organes affaiblis par la désagrégation antérieure. *Les divers gas se déversent là où ils sont attirés,* c'est-à-dire *dans la matérialité* plus ou moins accentuée et *égale à la leur.*

Tout, en résumé, se condense au fur et à mesure de la désagrégation. Observons donc ce qu'est celle-ci et comment elle s'opère.

Transportées par la force périspritale dans les différentes parties du corps, les vibrations de la pensée se répercutent dans toutes les molécules qui s'usent, se divisent, se désagrègent, se fluidifient, puis se détachent du corps, projetant ainsi dans le rayonnement de ce dernier la répercussion des vibrations tout en en prolongeant les influences.

Maintenant que pour ce qui est du corps nous avons approfondi les mécanismes de la condensation et de la désagrégation, étudions-les en ce qui concerne l'âme.

En premier lieu : la condensation.

L'éther, aussitôt aspiré dans l'atmosphère, remonte vers la tête. Il se mêle au fluide déjà présent et l'âme se l'assimile. Il s'égalise, autrement dit, il se partage parmi les diverses facultés d'où bientôt par une vibration il sera relancé dans quelque partie du corps, et cela par l'intermédiaire des fils nerveux, des fils conducteurs de la force périspritale.

C'est ici que commence la désagrégation. En effet, les parcelles d'éther condensées à l'Esprit (1) passent (en vibrant) leur mouvement dans la force périspritale et, se confondant à cette dernière, vont porter le commandement de l'âme dans les tissus, dans les cellules les plus reculées de l'organisme. Celles-ci, nous l'avons vu plus haut, s'usent et s'anéantissent sous les chocs apportés par les vibrations. Donc, ne trouvant plus d'obstacle, la parcelle d'éther s'échappe de la matière, s'extériorise du corps et repart dans l'Espace jusqu'au moment de sa réabsorption.....

... Que Dieu vous protège, amis, et veuille la lumière que vous tentez !

Dr DEMEURE.

Les Incarnations atomiques

Comme sa planète mère le fit pour lui jadis, l'homme in-

---

(1) Le mot condensé ne peut se comprendre dans le cas de l'âme que par le sens de simple jonction.　　　　　Dr DEMEURE.

dividualise des êtres atomiques de son corps, lequel devient en quelque sorte un véritable monde.

Dès l'âge de trois à quatre ans, les forces de l'âme rayon-' nant avec une régularité harmonique commencent à s'exté-rioriser, et celà au fur et à mesure des productions croissantes de l'intelligence de l'enfant. C'est ainsi que plus les vibra-tions de la pensée de ce dernier se feront fréquentes, plus la désagrégation s'accentuera ; les désagrégés matériels se ré-pandront alors dans l'ambiance inférieure), tandis que l'éther décondensé se mêlera à l'atmosphère supérieure.

Cependant, afin d'atteindre ce dernier but, l'éther extério-risé de l'organisme doit traverser et pénétrer les masses uni-verselles du terre-à-terre. Aussi, les parcelles de matière s'at-tirant l'une vers l'autre et se soudant entre elles comme dans les unions microscopiques des globes, il arrive fréquemment que se butant à elles sans désharmonie (cela à cause de leur puissance supérieure), ce fluide immatériel (2) leur demeure attaché et les vivifie.

Cette union devient alors un microbe atomique qui, après s'être rapproché d'autres atomes comme lui vitalisés, redes-cend (si parvenu plus haut) vers le globe, dans l'ambiance immédiate de l'humanité ou de l'animalité dont il possède la légèreté ou la lourdeur organique (3). Il vit ainsi pendant un temps plus ou moins long et puise ses forces dans l'astralité in-férieure qu'il ne quitte qu'au moment où il est absorbé par un corps humain ou animal qui le nourrira désormais de ses forces invisibles.

A ce sujet, une chose se montre indiscutable : si en réali-té la Terre *inférieure et expiatoire* ne peut donner vie indi-viduelle qu'à des êtres *inférieurs et expiants*, pour cette juste raison que l'âme centrale et les forces vitalisatrices ne dé-versent sur la planète dont vous vivez que des influences de passions et de souffrances, il en est de même pour l'homme et ses individualités atomiques. Ainsi, l'homme *mauvais* n'ex-tériorise que des désagrégés *mauvais* qui se répandent dans l'Espace et s'attirent les uns les autres, tandis que l'homme

(1) Voisinage immédiat des corps. Terre-à-terre.
(2) L'éther.
(3) Il est facile de comprendre que ces microbes possèdent la légèreté ou la lourdeur organique de l'homme ou de l'animal puisqu'en réalité ils sont constitués par les désagrégés de ceux-ci.

HÉROAN.

bon (monde microscopique évolué) relance dans son ambiance des parcelles décondensées de sa nature meilleure.

Donc, lorsque vivifiés comme nous l'avons vu tantôt, les atomiques humains redescendent dans votre atmosphère, l'homme de mal, par ses multiples et mauvaises vibrations, n'attire vers lui que les unions incarnantes des désagrégés funestes qui le fortifient dans le mal et qui, par leur excès de quantité, détruisent peu à peu l'harmonie corporelle qu'elles remplacent par la douleur. Au contraire, l'homme bon n'appelle vers lui que des atomiques influencés de bien qui l'aident à se défendre du vice.

La pensée qui germe en vous, amis, n'est alors que trop juste. Oui, l'homme souffre par les atomiques qu'il forme, de même que les mondes, par l'homme et les animaux qu'ils enfantent, et que Dieu, par l'inharmonie de quelques unes de ses créations.

Qu'est-ce alors que cette grandeur que le Terrien croit posséder ? Hélas ! Loin d'être grand, combien il apparaît petit quand on se représente que la monade peut le frapper et l'anéantir ; que l'atome peut l'influencer et le conduire.

Ah ! si la vision de la Nature grandiose est fantastique et belle, combien celle de l'humanité terrienne est triste, mes amis ! Embellissez-la donc, humains, par le bien que vous sèmerez dans l'Espace et qui bientôt reviendra germer et croître en vos âmes plus grandes ! Au revoir.

Héroan.

Les Influences de la Vie

(suite et fin)

Mes amis vous ont décrit en leurs dernières études que les corps se transforment, s'usent et se recréent à chaque instant, et que les parcelles ainsi désagrégées remontent dans l'ambiance terrienne, emportant avec elles la nature, la cause de la vibration qui les a détruites. De telles conclusions ne peuvent qu'aider à l'éclaircissement de la plupart des influences mystérieuses de la vie incarnée, et si, comme vous l'avez vu au sujet des incarnations microscopiques, le mal attire son pareil et le bien, son essence même, rien n'est plus naturel que ces différentes gradations spirituelles qui, seules, peuvent faire sympathiser entre eux ou se haïr des êtres, et qui

en conséquence, par l'importance évidente de leur supériorité ou de leur infériorité, implantent le progrès et commandent aux convictions et aux religions de tout un monde.

Je viens à nouveau de faire allusion à la sympathie et à
l'antipathie, lesquelles nous avaient déjà intéressées dans le
début de cette étude. C'est que vraiment le moment est venu de nous y rattacher car, se répandant dans l'Espace, s'unissant et subissant l'attraction des pensées humaines de leur
degré, ce sont ces parcelles désagrégées qui provoquent ce
sentiment qui rapproche ou éloigne deux êtres sans que même, parfois, ils se soient jamais rencontrés. — Qui donc n'a
pas éprouvé de joie à converser avec une personne totalement
inconnue mais qui cependant semblait *partager les mêmes
pensées et les mêmes intentions ; en un mot, une même évolution ?* — Probablement aucun d'entre vous, et les désagrégés produits par les vibrations de votre parole étant attirés
et se confondant avec ceux de l'inconnu, il y avait affinité
entre vous et lui. L'effet antipathique provient au contraire
de ce que les désagrégeants ne pouvant s'unir et se confondre à ceux d'un être pour qui vous ne vous sentez pas d'at-
tirance, il y a répulsion fluidique.

Il est néanmoins remarquable que l'antipathie n'est pas
toujours provoquée par les influences d'évolutions inégales :
la preuve en est que parfois *deux amis* auront envers un même individu, l'un de la sympathie et l'autre de l'aversion.

La raison indique pourtant que puisque les deux premiers
sont sympathiques l'un à l'autre, le troisième devrait l'être
aussi à chacun d'eux. Il n'en est rien cependant et pour la
solution de cette énigme, songez que la vie que vous vivez
actuellement n'est pas votre première existence et que, dans
les précédentes comme en celle-ci, par votre manque d'amour,
vous vous êtes créé des inimitiés, des haines injustes et inutiles qui se prolongent par les influences de votre invisible.

Au lieu donc de vous éloigner de vos frères par l'aversion,
renouez, ô amis, les liens que vous avez brisés jadis.......

Il n'est non plus besoin de voir les êtres de son degré et de
causer avec eux pour que l'union des pensées se fasse : une
conviction acquiert sa force à l'insu des terriens ; les désagrégés vont là où ils sont attirés, allant de corps à d'autres ;
les pensées se rapprochent quoique les corps s'éloignent, et
plus elles pénètrent les âmes, plus, par conséquent, les vi-

brations se répercutent nombreuses dans l'Espace. Donc, quand vous dites « L'union fait la force », soyez certains que cette force ne s'attache pas seulement à la matière, mais plus encore au moral, à l'être, au rayonnement ambiant.

Aussi, spiritualistes et spirites, n'agissez jamais par force. Soyez patients ! Songez au bien, pensez à l'amour, faites vibrer votre âme en ces sentiments, et vous serez heureux de voir la Vérité, l'Idée juste de Dieu et de ses véritables attributs, naître et grandir dans l'harmonie la plus belle et la plus paisible.

MEUDON.

La Mort. — La Désincarnation

La mort n'est pas ce qui vous est représenté en cette image du squelette bourreau fauchant l'homme dans les vastes champs de la Nature, comme le laboureur, les épis d'or, mais bien la fin de votre corps, c'est-à-dire, la vie, le véritable réveil.

L'homme bon en mourant s'embarque sur le céleste océan et, battant les flots des Espaces de ses membres devenus inlassables, il parvient au pays du soleil, au pays de la joie, à celui de l'Amour.

Livrez vous donc à la mort avec calme et espérance, car elle est une étape nouvelle dans l'Immensité.

Pendant toute la durée de son agonie, l'homme perd de plus en plus de ses facultés au fur et à mesure que l'heure du dénouement approche, et il finit par tomber en un coma, en un sommeil très lourd pendant lequel parfois un délire se déclare, comme le rêve, au cours du repos nocturne.

L'âme est alors complètement extériorisée de l'organisme auquel seules par conséquent commandent les forces intérieures, ces mêmes forces qui, s'affaiblissant toujours davantage sous l'effort de la maladie et vibrant bientôt insuffisamment pour prolonger encore l'entretien de la vie, la (1) délivrent dans un moment donné de sa prison charnelle.

Quoiqu'il en soit relancé par cette désharmonie définitive, l'Esprit demeure cependant attaché au corps par des liens fluidiques d'autant plus puissants qu'il s'est plus matéria-

(1) L'âme.

lisé et, de là, ignore pendant un temps variablement long la destruction des fonctions organiques.

En réalité, la lucidité ne lui revient guère jamais avant que dix heures se soient écoulées depuis la mort. Durant ce temps, un phénomène assez fréquent se produit : les vibrations qui, pendant le sommeil quotidien, commandaient d'ordinaire à l'organisme par l'intermédiaire des forces invisibles, lesquelles maintenant sont toutes *extériorisées,* se reportent dans l'ambiance du corps et peuvent atteindre les meubles qui s'y trouvent ; ce sont alors des craquements, des bruits insolites, des agitations d'objets légers que vous avez grand tort de craindre puisque provoqués par votre disparu qui s'éveille peut-être en un rêve et pense à votre amour et à votre bonheur. Quand bien même sa conduite passée lui réserverait de grandes souffrances, ces bruits ne sont aucunement l'écho de ses plaintes ni de ses appels comme vous êtes souvent portés à le croire : le remords ne peut à ce moment l'avoir encore saisi.

Le plus souvent, l'âme récemment désincarnée revient à la complète réalité des choses au moment où le corps est déposé dans le cercueil : voyant saisir sa dépouille, elle veut y pénétrer encore afin d'y reproduire le mouvement par le réveil. La même tentative se voit aussi assez fréquemment pendant l'ensevelissement (ce cas est plutôt rare) et au moment de la mise en terre où l'esprit, après avoir assisté à ses funérailles, entend, comme à la fin d'un cauchemar, le bruit sourd de la terre tombant et recouvrant bientôt la bière où est emprisonné son corps.

Un trouble l'envahit aussitôt : c'est le coma de la désincarnation. L'instinct de la conservation qui l'anime encore lui inspire de travailler à la réharmonie de son organisme détruit. C'est alors que, par les vibrations qu'en ce sens il produit, il use les parcelles qui retenaient encore ses forces invisibles aux principaux organes vitaux ou passionnels, c'est-à-dire, ceux auxquels il s'était le plus matérialisé par ses actes. Enfin, dès que sa lucidité est suffisamment revenue pour qu'il puisse se rendre compte de son état réel, il remonte dans l'atmosphère *où il se reconnaît* au milieu de ses parents disparus et de son guide qui le comblent d'amour et de conseils.

Je dis : dès qu'il peut se rendre compte de son état réel, car il est rare qu'il s'aperçoive de suite de sa séparation corporelle, et c'est pour cette raison que nous vous conseillons d'aller appeler vos disparus pendant quelques temps sur leurs tombes. L'aide et le soulagement que vous leur apporteriez ainsi seraient plus que ces pleurs dont au contraire vous les blessez et les attristez.

Serait-ce une intuition qui pousse les parents et amis à aller prier sur les tombes des défunts ? Nous les encourageons toutefois en ce sens et les engageons, je le répète, à appeler (1) l'esprit lui-même, avant ou après la prière, pendant les premiers temps qui suivent sa mort. Par la vibration de leurs pensées sympathiques, l'Esprit se trouve attiré vers eux et peut, de ce même coup, se livrer à la lumière et à la liberté.

Ah ! chers humains, vous que nous aimons, vous que nous voudrions voir parvenir au summum de la vérité, détruisez votre crainte de la mort par votre élan plus fort vers le suprême bonheur !

LERMON.

Le Sommeil

Quand le soleil a disparu à l'horizon et que la nuit a succédé à sa lumière, quelque chose comme un instinct vous pousse loin du bruit et du labeur qui durant tout le jour brise vos membres et affaiblit vos forces, et là, vous aspirez à l'oubli, aux rêves, au sommeil.

Donc, qu'est-ce que le sommeil et comment se produit-il ? — Il n'est autre qu'un phénomène vital et naturel résultant de la séparation de l'âme et du corps et qui, par conséquent, suspend toute dépense *extérieure* d'énergie et de force fluidique et permet la revivification quotidienne de l'organisme.

A ce sujet, nous vous avons dit déjà que chaque pensée, chaque mouvement a un fluide propre qui se désagrège et s'extériorise du corps et qui, en s'échappant ainsi, soustrait à l'organisme un contingent de force. Si donc, comme dans

(1) Appeler par la pensée, c'est-à-dire, penser fermement à lui.
LERMON.

le travail, les vibrations actives (1) se continuent, la désagrégation se supériorise peu à peu à la condensaiton et de là vient l'affaiblissement des forces, autrement dit, la fatigue qui n'est en réalité que l'effet de la faiblesse vibratoire de l'âme, laquelle n'arrive plus à bien commander aux organes et aux membres qui s'alourdissent alors dans l'inertie naturelle de la matière. C'est en cet état d'âme que tous les êtres individualisés, depuis l'animal le plus inférieur jusqu'à l'homme, se sentent devoir s'abandonner au sommeil. Un vertige les emporte et leur esprit *se retire* convulsivement de son enveloppe charnelle.

Quiconque est obligé, pour s'endormir, de baisser les paupières. Par ce moyen, le courant direct et extériorisateur de la force visuelle du périsprit se rompt, et l'âme peut se neutraliser définitivement de son corps dans lequel les rayonnements de la vue la retenait encore. Ceci fait, elle se rejette au dehors, se dématérialise (2) momentanément et attire vers elle, par sa supériorité, la force éthérée de son périsprit. De cette manière, cette force correspondant par un courant d'habitude avec celle universelle qui continuellement demeure affectée à la matière charnelle, il est aisé de s'assimiler ce mécanisme qui permet à l'Esprit de vitaliser son corps, la nuit tout autant que le jour.

C'est dès ce moment que commence à se produire l'effet revivifiant du sommeil. Par la respiration, le fluide universel vitalise l'organisme matériel tandis que l'éther remonte vers l'âme par l'intermédiaire des forces invisibles. De plus, par la supériorité éthérée de celle-ci (3), le fluide éther répandu dans l'ambiance est attiré et se trouve absorbé par le périsprit.

Donc, lorsque tantôt l'esprit se rematérialisera au réveil, il emportera avec lui cette surabondance éthérée qu'il s'est acquise et qui lui permettra de semer à nouveau en son corps : la vigueur et l'énergie.

(1) Par vibrations actives, j'entends désigner celles qui produisent l'action.
LIANA.
(2) On remarquera que l'Esprit ne dit pas que l'âme se désincarne, ce qui signifierait que toutes les fonctions du corps sont suspendues comme elles le sont définitivement à la mort, mais il dit bien qu'elle se dématérialise, c'est-à-dire qu'elle demeure en état de commander à son corps, quoiqu'en étant sortie.
(3) L'âme.

C'est pourquoi, amis, nous plaignons ceux qui, pour les plaisirs pervers d'ici bas, négligent le sommeil en qui ils puiseraient le bien-être de la supériorité spirituelle. Nous les plaignons aussi parce qu'ils repoussent l'aide et la force de leur guide, et cela contrairement à ces humains qui veillent pour la charité ou pour le bien de leur famille et qui, loin d'éloigner l'influence bienfaisante de leur protecteur d'outre-tombe, l'attirent et s'en fortifient dans l'harmonie vitale.

D'ailleurs, à ceux qui donnent beaucoup pour le bien et l'amour du prochain, il est toujours rendu en égale et même supérieure part ce qu'ils ont distribué !

LIANA.

Que devient le corps après la mort ?

Le corps humain n'échappe pas à cette grande loi éternelle et immuable qui dicte que rien ne se perd ni ne s'anéantit ; il se désagrège, s'annule apparemment, mais ne fait en réalité que porter vie en d'autres matières, en d'autres corps plus ou moins semblables à lui-même.

Mis en terre, il se trouve saturé et traversé par l'extraction du fluide central, et, quand l'esprit l'a définitivement quitté, les fluides périspritaux qui demeurent encore quelque peu attachés aux organes, muscles et os qui le forment, subissent également l'attraction astrale et finissent par s'exhaler de lui.

Il arrive ainsi quelquefois que des cellules matérielles, se désagrégeant en même temps et se trouvant emportées vers l'atmosphère par un éther central de moindre importance, s'illuminent à la surface et constituent ces feux follets qui ne disparaissent que lorsque l'éther s'est individualisé d'elles.

Comme vous venez de le comprendre, les feux follets ne sont pas des âmes en peine tel que la crédulité des foules le faisait supposer ici bas, et non seulement ils ne sont pas des âmes de défunts errant autour de leur tombeau mais encore, loin d'être toujours provoqués par des émanations corporelles, ils le sont très souvent aussi par des parcelles centrales extériorisant avec elles des matières, ou plutôt des désagrégeants moins denses.

Ne nous attardons pas alors sur ce point qui n'a qu'une minime importance quant au sujet des corps.

La continuité de la saturation centrale fait s'user, se désagréger et s'alléger la matière charnelle qui, remontant cependant afin de s'échapper dans l'atmosphère, s'alourdit et demeure très souvent affectée au sol parce que se mêlant à d'autres substances.

Il est inutile de rappeler ici que, comme toute autre, la matière corporelle en se désagrégeant se réduit en parcelles presque fluides. Donc, si celles-ci, parvenues alourdies à la surface, ne peuvent remonter et s'unir immédiatement à la substance végétale (celle la plus allégée du sol), elles demeurent dans l'inertie et se confondent à la poussière jusqu'au jour où l'extériorisation centrale les introduit dans la tige d'une plante.

A la destruction de cette dernière, alors que celles végétales retournent à la généralité du sol, les parcelles corporelles se retrouvent individualisées et repartent pour l'ambiance inférieure où, se mêlant aux autres désagrégés, elles redeviennent atomes humains ou animaux jusqu'au moment où elles reviendront vivifier et fortifier d'autres corps.

Aussi, vous qui pleurez, cueillez sans recul la rose qui s'épanouit dans la tristesse du cimetière, sur la tombe de vos disparus : aspirez son parfum ! Peut-être vous rendra-t-elle une partie de ce que vous avez perdu ; peut-être même, une bribe de la suavité de l'âme radieuse qui vient de s'envoler ! —

MEUDON.

Guide guérisseur et protecteur.

Les FORCES et les ENERGIES du CORPS

La Force Périspritale

Quelle harmonie et quels mystères contenus en ce corps infime qui vous incarne, et que de merveilles à y découvrir !

Etant incarnés, vous ne connaissez que l'organisme matériel, c'est-à-dire celui qui n'est rien quoique vous le palpiez journellement, et vous continuez à ignorer celui qui vous donne vie et mouvement et pour lequel il serait nécessaire que vous établissiez une anatomie *invisible* et bien plus compliquée encore que celle qu'à chaque instant vous approfondissez et augmentez.

Je veux parler de l'âme et de ses diverses énergies vitalisatrices. Sans celles-ci, vous le savez, l'Esprit ne pourrait s'unir à la matière et moins encore demeurer incarné. C'est pourquoi, en analysant chacun de vos corps, nous trouvons une puissance qui, par sa supérieure quantité, semble être la plus importante des forces qui se subordonnent à vos âmes pour l'entretien de votre vie. Remettons donc à d'ultérieures communications l'étude des forces secondaires, et tenons nous-en aujourd'hui à la principale que d'ailleurs nous vous avons déjà citée et qui est : *la force périspritale.*

En l'observant bien en toutes ses fonctions, il est très facile de la comparer à la force astrale des mondes qui, je crois, ne se différencie d'elle que par son rayonnement immensément plus grand. Si, en effet, celle-ci constitue une ambiance invisible et s'unit aux espaces purement éthérés pour apporter au globe qu'elle tient en équilibre les progrès et les influences des autres planètes, nous trouverons de même dans la première l'essence qui vous apporte les sensations et les vibrations extérieures, et vous procure la faculté communicative entre tous.

La force périspritale, comme nous le verrons bientôt, se

divise pour ainsi dire en deux tronçons ; celle extérieure
et celle intérieure. La seconde est toujours plus matérielle et
par conséquent moins souple et légère. La cause en est que
les vibrations intérieures (puisque ne s'adressant qu'aux organes) sont elles-mêmes toujours plus matérielles et nécessitent
dans la force qui nous occupe à présent et qui les propage,
une presque totalité d'universel.

L'Esprit apporte cette puissance invisible en s'incarnant ;
il l'apporte en son périsprit, et c'est pourquoi le mouvement
est de suite mécaniquement acquis à l'enfant.

Durant les premiers ans, elle est toute concentrée en ce
corps plus petit, et c'est à elle que sont dues cette turbulence
et cette joie puisée par les jeunes incarnés dans les jeux
bruyants et vifs.

A l'âge approximatif de sept ans (1), la force périspritale
intérieure s'est définitivement étendue au dehors de l'organisme et se relie à une partie d'elle même extériorisée, plus
souple et plus subtile, qui s'unit et se confond à l'atmosphère (identiquement comme l'astralité supérieure du globe se mêle aux régions éthérées pures). C'est la force extérieure qui
cependant est soumise, comme la première, à la volonté et
à la fixité de l'âme, de la pensée, de l'intelligence ; de là ce
phénomène fréquent où vous écoutez une conversation sans
l'entendre ou regardez un objet sans le voir. Portant votre
entière volonté et toute votre attention sur la résolution
d'un problème, d'une question embarrassante, vous regardez,
vous vous renfermez en quelque sorte en vous même : c'est
alors que les courants périspritaux extérieurs s'atténuent comme dans le sommeil, repénètrent le corps et vont augmenter
la force raisonnante de l'âme jusqu'au moment où, rappelée
à la réalité, votre pensée les relancera au dehors. Il est d'ailleurs facile de se rendre compte que la réflexion est plus aisée
lorsque les sens sont au repos, que, par exemple, aucun bruit
ne parvient à l'ouïe et que, les paupières étant baissées, aucune image ne frappe les regards.

Comme je l'ai dit tantôt, la force périspritale extérieure se
mêle à l'atmosphère et, par cette jonction, son rayonnement
s'agrandit infiniment et permet à l'homme de distinguer et
d'entendre à de grandes distances comparativement à lui-mê
me. Je crois utile d'ajouter à ce sujet que le degré d'assi-

(I) Age où les rayonnements extérieurs sont définitivement accomplis.

milation du sens de la vue est de beaucoup supérieur à celui des autres facultés, et celà parce que la matière des organes visuels est bien plus allégée que celle de l'odorat et de
l'ouïe.

Quant au rôle général de la force périspritale, il se résu-
me dans la vitalisation complète du corps. Donc, puisque le
principal effet de la vitalité de l'organisme consiste en sa chaleur, devons-nous conclure qu'il provient de l'âme et de cette force importante qu'elle mène, ou simplement, comme vous
le croyez, de la matérialité ? — Il est incontestable, mes amis,
que la chaleur soit produite par l'âme. La meilleure preuve
à citer pour cela est celle que quiconque peut contrôler, celle
de cette froideur qui envahit le corps entier aussitôt que par
la désharmonie de la mort l'esprit a perdu sa puissance, autrement dit son influence sur lui....

... L'âme est le feu central du corps...

Comprenez, humains, ce que Jésus voulut dire par ces paroles : « Aide toi, le ciel t'aidera » : le ciel est le séjour de
ceux qui ont su évoluer et qui, à présent, jouissent du bonheur qu'ils ont récolté dans l'épreuve. Efforcez-vous donc
dans la tâche, dans l'étude, et vos guides, tous ceux qui vous
aiment dans l'au-delà partageront vos efforts et les mène-
ront au succès ! Au revoir !

MEUDON.

La Force Périspritale (suite)

.... Puisqu'il nous reste quelques instants et que mes amis
ont terminé leurs communications, je vais continuer et compléter un peu ma dernière description sur le sujet de la force
périspritale.

En naissant, l'enfant apporte en lui une dose de cette force qu'il garde de ses précédentes existences sur Terre et dans
l'Au-Delà, et qui constitue ce que nous appelons le périsprit.
Celui-ci, toujours uni et harmonisé à l'âme, partage l'évolution de cette dernière et par conséquent tient non seulement lieu d'intermédiaire incarnant, mais encore d'instrument
d'expiation. Rien, en vérité, ne s'efface ni ne se perd inutilement en lui et, menant l'épreuve ou dictant la souffrance,
il est par comparaison le Grand Livre des dettes humaines
assidûment tenu.

Antérieurement de la taille de l'homme adulte, il se concentre dès l'incarnation en ce corps à peine formé, et tente pendant de longues années à y rétablir sa grandeur normale. C'est en effet sous sa poussée que l'organisme, comme la tige sous les efforts de la sève, croît et se fortifie, et, en le (1) rapprochant comme nous l'avons fait déjà de l'organisme planétaire, nous retrouvons que pareillement au corps, un globe ne peut atteindre qu'un volume égal à l'importance astrale qui le tient en équilibre.

.... S'il est vrai que le guide déverse un certain contingent de force chez le nouvel incarné, il ne peut cependant pas, n'agissant que sur les facultés devant être éprouvées, revitaliser toutes les autres qui pourtant se sont démesurément affaiblies pendant leur prise en possession du nouveau corps. C'est ainsi que l'enfant doit par sa respiration, et cela jusqu'à l'âge d'environ trois ans, réacquérir les forces qu'il a dépensées, et *il est absolument nécessaire* que son attention soit le moins possible retenue par des conversations ou des distractions visuelles trop prolongées ; qu'en résumé, les extériorisations périspritales inutiles soient toujours évitées.

Lorsque ces précédentes conditions ont été bien observées et que le dit âge sonne, la force intérieure (le périsprit) est pour ainsi dire entièrement rétablie et féconde les muscles et le sang sans aucun affaiblissement, même momentané. Dès lors, l'enfant commence de lui même à rayonner et se développe en ce sens jusqu'à l'âge approximatif de sept ans.

Comprenez que votre tort est grand, ô parents admirateurs, lorsque vous pressez vos enfants dans leur rayonnement extérieur. Vous cueillez la fleur avant son éclosion. Laissez donc la rosée et le soleil la féconder et l'amener à une beauté plus grande, à un parfum plus pénétrant, à une vie plus robuste.

Oui, laissez vos enfants sourire dans leur berceau sous la caresse de ceux qui les protègent ! Laissez-les vivre un moment encore du bonheur perdu avant de les appeler à la terrestre vie !

MEUDON.

La Force Périspritale (suite)

Vos sens ne se bornent pas aux seuls organes que vous

(1) L'organisme.

connaissez ; l'aide unique que ceux-ci apportent dans l'exercice de ces facultés ne consiste qu'en leur nature plus subtile et en leur matérialité moins condensée, par conséquent plus
impressionnable.

... S'extériorisant par ces parties plus sensibles du corps,
la force périspritale se mêle à l'atmosphère, enregistre toutes
les vibrations qui s'y produisent et, par la continuité de son
extraction, les communique à la matière allégée. Autrement
dit, les courants périspritaux s'échappant sans cesse des organes des sens, les vibrations de la lumière, du son, etc, se répercutent en eux (à condition toutefois qu'elles ne s'atténuent
pas en dehors de leur rayonnement), se propagent ensuite dans
le contingent périsprital succédant à celui déjà atteint et parviennent enfin à l'organisme d'où, par l'entremise de la force
intérieure, elles se reporteront au centre intelligent, à la pensée. On ne peut d'ailleurs mieux comparer les radiations invisibles des sens qu'à la mèche qui, enflammée à un bout,
apporte la flamme à son autre extrémité : admettant en effet
que le premier bout enflammé soit le rayonnement extérieur, et
le second, la force périspritale seulement en voie d'extériorisation, on obtient en ajoutant à la propagation de la flamme
la vitesse de l'éclair, l'image exacte des courants des sens.

La supériorité périspritale dans les sens est remarquable
par la plus grande sensibilité de leurs organes comparativement aux autres parties du corps. Si, par exemple, vous opérez
pression soit sur les yeux, soit sur les tissus intérieurs de
l'oreille, vous éprouvez une pénible sensation que vous ne
ressentiriez nullement ailleurs.

Déjà je vous ai dit que la force extérieure se mêle à l'atmosphère et que de cette façon elle augmente et fortifie son
rayonnement. En cela s'expliquent mieux encore ces mécanismes intimes qui font que l'homme unit et confond son rayonnement à celui de ses amis et que s'il s'abandonne à la supériorité ou à l'infériorité (1) du progrès, il gravit ou re-
descend sa voie. Du reste, si nous voulons établir une analogie entre les influences humaines et celles planétaires, nous trouvons aussi que l'astralité (la quintessence des
mondes) communique au globe, par l'entremise du soleil, les
influences des autres planètes, tout comme la force périspri-

---

(1) *Supériorité et infériorité* ne sont pas mis ici dans le sens de quantité
mais de qualité.

tale (la quintessence des corps) apporte à son organisme, par l'entremise de l'astralité, les influences des autres êtres....

La vigueur juvénile du corps et la langueur de la vieillesse sont les conséquences de l'importance périspritale. La première est due à la totalité de cette force invisible, et la seconde, à son épuisement dans les diverses épreuves du passé. Ce doit être là un avertissement de plus aux parents pour qu'ils veillent au calme et à la tranquillité de leurs tout jeunes enfants. Au revoir !

MEUDON.

Sur le Magnétisme et l'Hypnotisme

Le progrès d'ici bas a apporté à la matière une force incommensurable ; les génies terriens se sont affirmés en des travaux, en des inventions dont vous leur gardez un perpétuel souvenir. Nous rendons hommage à cette reconnaissance qui vous anime envers les bienfaiteurs de la science, mais à cela ne doit pas se borner votre programme de recherches : il doit devenir plus vaste et s'étendre dans un inconnu plus fécond encore : l'invisible. Oui, il est nécessaire que vous sondiez la nature des âmes ou immenses, ou infimes, et que vous arriviez à connaître tout ce qui est impalpable, énergie et vie.

Déjà, recherchant les causes et la réalité des phénomènes magnétiques et hypnotiques sur lesquels un si grand doute plane toujours, vous vous êtes engagés sur cette voie. Il faut, amis, que vous ne l'abandonniez pas et qu'au contraire vous ne fassiez qu'en élargir l'horizon.

Votre force périspritale est ou aspirante, ou expirante, suivant la supériorité ou d'autrui ou de vous-mêmes. Et, en réalité, l'homme qui extériorise ou matérialise le moins possible de sa force invisible par la restriction de sa conversation ou l'évitement du contact de la foule, arrive à se supérioriser de telle sorte à ceux qui contrairement à lui dépensent largement de leur énergie périspritale, qu'il peut facilement les dominer et les hanter de sa pensée.

Il en est de même pour ces phénomènes que vous avez commencé à approfondir. Le sujet, possédant une force moins puissante (ou toutefois, la rendant moins puissante en ne rayonnant pas), devient absorbant de l'expiration périspritale de l'opérateur.

Ce dernier, en l'endormant, rompt les courants visuels et fait que l'âme, réattirant vers elle ses forces intérieures, s'échappe de son enveloppe corporelle et erre parfois dans l'ambiance de celle-ci (états profonds de l'hypnose, échanges du fakirisme). Mais il arrive le plus souvent que l'esprit, troublé par l'influence, demeure en son corps et s'y maintient jusqu'à l'instant où un commandement et même une simple pensée contraire vient à lui être adressée.

En somme, lorsqu'il est nécessaire, le sommeil a pour effet la rupture des forces extérieures chez le sujet et l'absorption par celui-ci des fluides de l'opérateur. De cette manière les pensées et les désirs se communiquent très bien et c'est pour cette raison qu'il est toujours imprudent qu'un magnétiseur endorme les médiums à incarnations ou à matérialisations, (1) car sa pensée peut rayonner en ceux-ci en même temps que celle des désincarnés et provoquer des communications, sinon sans aucun sens, tout au moins erronées. C'est aussi en déduction de cette raison que nous vous demandons même de ne jamais fixer un médium quelqu'il soit afin de ne l'influencer aucunement.

En résumé, le mécanisme général de ces phénomènes se borne à ceci : le sujet absorbe par sa propre force les rayonnements périspritaux plus forts et les pensées de l'opérateur auquel passivement il obéit...

Si les effets résultant de ces nouvelles sciences sont stupéfiants, les dangers qui se dissimulent en elles n'en sont pas moins nombreux, et nous comblons de toute notre reconnaissance ces frères incarnés qui vouent leur temps et leur savoir à des recherches qui aboutiront sans nul doute, à l'anéantissement de ces suites funestes et à la complète lumière sur les forces invisibles... Non, les dangers n'en sont pas moins

---

(1) *Médium à incarnations* : celui dont la faculté permet aux esprits de l'endormir d'abord, de dématérialiser et extérioriser ensuite, comme une épée de son fourreau, son âme de son corps dans lequel enfin ils la remplacent afin de se communiquer par leurs pensées, expressions et gestes.

Médium à matérialisations : celui par qui l'on peut obtenir ces séances d'apparitions où les désincarnés, en vibrant contre ses fluides, *se matérialisent* et deviennent visibles aux yeux de tous les assistants avec les mêmes traits que par le passé et non sous l'aspect des squelettes-fantômes qu'à dessein l'on vous représentait.   MEUDON.

nombreux et les opérateurs, qui cependant sont les moins exposés, risquent de s'épuiser par leur excès d'action.

Quant aux sujets, le phénomène de catalepsie (1) est terrible pour eux lorsqu'il est mené par des novices ou encore par des opérateurs ne connaissant pas leur *instrument* (2) à fond ; des affections de locomobilité et de la pensée les y guettent souvent. D'ailleurs, toutes ces expérimentations, n'étant en quelque sorte que des effets de la force périspritale, ne peuvent qu'amener des troubles essentiellement fluidiques ou nerveux.

Comme je viens de le dire, ces phénomènes ne sont que des effets de la force périspritale. De cela on se figure un danger qui trop fréquemment se réalise, car, en même temps que les effluves périspritaux, le sujet, se soumettant aux volontés de l'opérateur, absorbe aussi quelque peu des désagrégeants de ce dernier, désagrégeants qui, quelquefois malsains, peuvent déterminer en lui des vices ou des affections du corps et de l'âme.

Aussi, nous ne pourrions trop recommander aux sujets de ne jamais se livrer sans savoir bien à quel opérateur ils offrent leur faculté et surtout de ne jamais s'en laisser influencer s'il est pervers.

Ici bas, on est enclin à croire à ce propos que le pouvoir s'amoindrit par la déchéance de l'expérimentateur. Sans doute il s'amoindrit un peu, mais il est néanmoins toujours assez fort pour semer, en dépit de l'antipathie fluidique qui s'est indubitablement créée, le funeste germe chez le sujet.

Quoiqu'il en soit, l'humanité terrienne doit être fière de cette découverte dans l'invisible. Il serait insensé de la condamner à cause des périls dont elle menace ceux qui l'approfondissent car, elle comme toute autre science ou découverte, ne parviendra à son apogée qu'après avoir fait de nombreuses victimes.

Déjà, par elle, des guérisons ont été tentées par les chercheurs et se sont réalisées. Mais, amis, la maturité de ces bienfaits ne s'achévera sur Terre qu'au jour où chacun appellera vers soi l'aide divine et celle des guérisseurs de l'Espace qui, loin d'épuiser les forces de leurs frères incarnés,

(1) Phénomène dans lequel l'âme est obligée de retenir ses forces à elle et leur faire produire la rigidité des membres.
(2) Le sujet.   MEUDON.

éviteront à ceux-ci le magnétisme affaiblissant et la dépense de la volonté, de ce trésor vital : ces guides calment l'âme souffrante en versant en elle avec amour le baume et les purs parfums de la nature.

.... Travaillez et cherchez la grande vérité, ô magnétiseurs terriens qui, par votre désir de soulager vos frères, faites couler de vos pensées et au dedans de vos semblables, de votre prochain, un flot puissant de bienfaits et de bonheur : vous recevrez bien plus que vous n'aurez donné et les vibrations de nos âmes vous feront frémir de pitié à la vue des douleurs humaines.

MEUDON.

La Force de l'Imagination

Nous abandonnons dès aujourd'hui l'étude de la force périspritale ; nous ne pourrions véritablement la dévoiler davantage sans entraver la marche ascensionnelle du progrès, les épreuves, les luttes et les adversités qui dérivent de celui-ci ; sans nous buter aussi à cette grande loi qui veut que l'homme d'ici bas doit, dans sa vie d'épreuves, se donner aide lui-même s'il désire obtenir ensuite les secours du ciel.

A présent, notre devoir est de poser quelques premiers jalons en votre science de demain, de vous ouvrir la voie qui mène à elle ; et le vôtre, mes amis, est de mettre à profit votre science matérielle pour orienter vos recherches en celle qui vous retiendra un jour à tout ce que vous ne pouvez ni palper ni voir. Alors là, quand vos efforts seront devenus sincères, Dieu permettra que nous revenions ajouter d'autres indications à nos premières révélations et élargir ainsi votre voie divine et heureuse.

Travaillez donc, humains. Allez à la rencontre des grandes découvertes que nous vous prédisons et soyez certains que vous trouverez plus de fruits que vous n'aurez soupçonné de fleurs durant la fécondation printanière de l'arbre du progrès nouveau.

Régie par l'âme, la force périspritale sature et entretient à son tour une autre force qui, dans son ensemble, se montre presqu'aussi importante qu'elle.

Cette autre force est celle que l'homme soupçonne déjà

— 154 —

depuis plusieurs siècles et dont quelques philosophes tentèrent de démontrer et faire admettre les effets dans la vie de votre monde ; j'ai dit : la force de l'Imagination.

Vu donc le succès très restreint que recueillirent ceux qui voulurent la mettre en pleine lumière, je tiens à ne pas entreprendre sa véritable description sans vous y avoir préparé en établissant un nouveau rapprochement entre vous et les mondes innombrables qui se meuvent dans *les Espaces*.

Tout globe, vous l'avez appris, possède un feu central, autrement dit, une âme ; — une croûte qui, en quelque sorte, constitue son organisme matériel ; — une extériorisation centrale (attraction solaire) qui, en réalité, correspond à votre force périspritale intérieure ; — enfin, une astralité s'unissant aux régions éthérées pures et en tous points comparable à vos rayonnements périspritaux extérieurs qui, se confondant à l'atmosphère, vous équilibrent à celle-ci et vous relient à vos semblables. De plus, *en dehors de sa vie générale*, le globe offre et entretient l'existence de ses innombrables habitants qui, par leur désagrégation plus ou moins grande et leurs diverses vibrations, *forment son progrès et son influence bonne ou malsaine*.

Il en est de même en vous, mes amis, et nous retrouvons les habitants des mondes chez les parcelles les plus allégées de votre corps, c'est-à-dire, celles affectées à vos organes les plus vibratoires et moins denses ; celles qui, enfin, ont évolué en la vie de votre corps et se sont pour ainsi dire individualisées de vous en se pénétrant de votre force périspritale dont et dans laquelle elles vivent et rayonnent à présent. Ce sont elles en effet qui, dans l'ensemble de leurs rayonnements moléculaires, se mêlent à vos courants périspritaux, les impressionnent, s'impriment en eux et les soumettent à leur supériorité influente.

Telle est, mes amis, l'image de cette force dont nous nous entretiendrons désormais et qui n'est en résumé que l'ensemble des rayonnements parcellaires des molécules du corps, de ces rayonnements qui, mêlés à la force périspritale, l'influencent et la font à son tour influencer l'âme qui la régit. Au revoir !

MEUDON.

Ayant suivi sa communication, je me trouve porté à rendre hommage à votre guide au sujet de ses recherches toutes pour le bonheur et l'amoindrissement des souffrances de l'humanité.

Il y a déjà plus de trois siècles qu'ici bas je croyais tenir la clef de cette énigme qu'est l'imagination : je soutenais que crainte et imagination étaient deux mots pour une même chose, et pourtant, je l'avoue, cette conception me trompait car celle là est un effet et celle-ci, une cause. Oui, je me trompais, et quand je fus à même de m'en rendre compte, j'étais, hélas, retourné en un monde qui n'avait plus d'écho sur le vôtre.

L'erreur est si grande sur Terre que la mienne sur ce point passa inaperçue, voilée sans doute par d'autres plus évidentes, et c'est précisément parce que votre guide se destine à jeter plus de clarté sur cet invisible humain que je sentais en moi, que je viens parmi vous, ses protégés, traduire tout mon amour pour lui.

Sois certain, guérisseur dévoué de l'Espace, que mon admiration est grande pour toi car tu ne veux que l'avènement du bien et de l'amour ici bas et justement tu instruis l'homme de son propre inconnu en lui traçant les images de la création, cette œuvre de l'Amour. Que ton but est louable d'initier et de soulager de leurs souffrances tes frères terriens, et que nous sommes heureux lorsque sous nos regards la cohorte des guérisseurs, dont tu es, passe en semant les plus puissants parfums de la Nature au milieu des douleurs humaines, sur les plaies de ce monde exilé...

Que Dieu donc pardonne et protège cette grande humanité que tu aimes et que nous aimons, et que ta cohorte de bonheur, ô guérisseur, continue à sillonner les astralités comme une foule d'anges radieux allant porter l'appel aux élus, la gloire et l'amour aux courageux !

MONTAIGNE.

La Force de l'Imagination (suite)

La force imaginative se trouve partout en vous où il y a matière, mais cependant, étant formée par les rayonnements des molécules allégées du corps, son importance augmente dans les organes des sens et ceux les plus vibratoires (par conséquent plus allégés). C'est sans doute pourquoi, le cœur

battant et semblant traduire la portée de chacun des chocs
reçus par votre pensée à la suite d'émotions quelconques,
vous fûtes portés à croire possible l'emplacement cardiaque
de l'âme. Néanmoins, vous le savez à présent, le refuge de
celle-ci est essentiellement encéphalique, et la répercussion
dans le cœur des impressions de votre volonté provient de
ce que cet organe, étant le plus vibratoire de tout le corps,
possède une supériorité évidente de force imaginative en laquelle (par le rapport direct établi pour l'entretien de la vie
charnelle entre lui et l'intelligence) le moindre trouble de
celle-ci (1) se reporte et provoque momentanément l'inharmonie des vibrations.

La force de l'imagination est mêlée à la force périspritale
sans toutefois lui être généralisée. Celle-ci peut en effet rayonner sans pour cela emporter avec elle les fluides de cette puissance charnelle qui jamais d'ailleurs ne quitte le corps si ce
n'est par la désagrégation des parcelles dont elle émane. Cependant, quoiqu'elle ne soit pas généralisée à la force du périsprit, elle lui est soumise identiquement comme celle-ci l'est
à l'atmosphère, et l'on peut ainsi s'expliquer l'habitude.

L'habitude. Rien n'est plus fréquent pour vous que de
rencontrer un travail pour lequel maintenant vous devez
calculer avec grande attention afin de le mener à bien, et que
tantôt vous accomplirez en conversant et chantant. D'où vien-
drait donc cet éclaircissement subit de votre intelligence, cette sûreté de vibrations, de mouvements tout à coup apparue
si d'autres forces ne venaient aider l'âme en son fonctionne-
ment organique, et surtout si d'autres réflexions, d'autres
pensées aussi infimes soient-elles, ne se joignaient ni ne fortifiaient la vôtre, celle qui, il y a quelque temps, vous
faisait hésiter ? — Et en vérité, ce sont les molécules de
votre corps qui, rayonnant toujours d'une même manière
dans l'accomplissement de cette même tâche, finissent par
produire un courant que nous surnommerons d'habitude et
qui, à la moindre de vos volontés en ce sens, se réveille et
emporte vos membres dans un mouvement presque mécanique : l'image de votre pensée, de votre volonté se photogra-
phiant en leurs rayonnements par l'intermédiaire des courants périspritaux, — comme aussi les images extérieures se
photographient en ces derniers par l'intermédiaire de l'atmos-

(1) L'intelligence.

phère, — il vient un moment où le fluide imaginatif agit autant, si ce n'est plus que vôtre âme, dans votre action et dans
votre travail.

Le même mécanisme se retrouve en tout. Voyez l'ivrogne :
les rayonnements parcellaires des cellules stomachiques l'influencent contrairement, c'est-à-dire, dans le sens du besoin,
de l'assoiffement, lorsqu'il croit ne plus boire et sa pensée cè-
de toujours aux effluves desdites parcelles plus forts qu'elle
même.

A côté de cet exemple, placez celui des fakirs qui demeurent parfois plusieurs jours sans rien absorber et vous acquer-
rez la certitude que ces sensations ne proviennent pas de
l'âme, mais d'influences étrangères à celle-ci. L'opposé de
ces deux cas résulte en effet de ce que les fakirs, contrairement à l'ivrogne, influencent leur force d'imagination au lieu
de s'en laisser influencer.

En tout, du reste, l'homme se fait plus ou moins esclave
de sa force imaginative : même sa mémoire dépend de cette
puissance car pour retenir bien une chose, il est nécessaire
qu'il s'en soit bien pénétré. Vous le dites : « tel accident a frappé telle personne », et en vérité, lorsque quelqu'un est subitement impressionné d'une vision, d'un événement quelconque, son imagination en demeure empreinte et l'en influence
assez longtemps, si ce n'est toujours....

....

L'auto-suggestion et la suggestion expérimentale. Pareillement à l'auto-suggestion (que vous avez pu deviner en mon
dernier exemple des fakirs), la suggestion de l'un à l'autre
puise son origine dans cette même force imaginative qui,
chez le sujet, obéit, pendant ces sortes d'expérimentations, aux
courants périspritaux plus forts de l'opérateur.

C'est en somme ici la reproduction d'un des phénomènes
des influences planétaires où l'astralité de la planète alors
en influence sur votre monde peut opérer changement dans
l'état moral et parfois même dans l'état matériel des nouveaux-
nés, des êtres les plus faibles...

Quoique vous ne connaissiez encore que l'auto-suggestion
et la suggestion expérimentale, il en est une autre qui vous
est complètement inconnue et qui se produit à votre insu.
Nous l'appelons la suggestion naturelle.

La suggestion naturelle. Les vœux et les désirs que vous

formulez se réalisent parfois. « C'est le hasard, dites-vous, qui les fait aboutir. » — Eh bien ! non, il n'en est rien car le hasard n'existe pas. Beaucoup de faits vous concernant sont même la conséquence, ici bas, de vos actes et volontés d'avant votre naissance, et Dieu mène l'homme où il a demandé l'être. Aussi la suggestion naturelle n'est-elle pas un hasard, mais nous révèle-t-elle au contraire une nouvelle application de cette puissance imaginative.

Le plus souvent, lorsque vous émettez un quelconque désir, rien ne parle en vous si ce n'est la pensée ; vous ne faites qu'envier et ne savez par conséquent pas désirer. Vous n'avez aucune foi en ce que vous voudriez obtenir pour vous ou pour autrui, et, au lieu de venir vers vous, la montagne, qu'autrement vous auriez soulevée, demeure à sa place primitive. Cependant, quand par exception, c'est-à-dire rarement, le doute s'annihile et qu'un élan de confiance fait à votre pensée répondre votre cœur, presqu'indubitablement ce que vous souhaitez se réalise : la force imaginative la plus puissante, autrement dit celle cardiaque, a en ce cas été impressionnée ; vous avez vu, oui, vous avez vu et senti ce qui devrait arriver, et une certitude de réussite semble se répandre partout en vous. En de telles conditions, je le répète, le vœu devient presque toujours réalité.

Apprenez donc à demander si vous voulez obtenir, mes amis, et pour cela sachez penser de l'âme en même temps que du cœur car, en votre vie incarnée, il faut, pour qu'une vibration atteigne son but, que ces deux moteurs fonctionnent à l'unisson.

Sur Terre, il est malheureusement plus fréquent de trouver le vrai désir en des souhaits de mal et de haine. Que Dieu donne donc la lumière à ceux qui usent de leur invisible pour la réalisation de leurs desseins néfastes et les oriente vers une meilleure voie. Que l'Amour leur fasse retrouver leur but et leur inspire cette phrase de Jésus :

« Celui qui hait son frère, son prochain, est un grand criminel ».

MEUDON.

La Force de l'Imagination (suite)

Jésus a dit : « Ayez la foi et vous soulèverez les montagnes » : nouvelle allégorie qui vous donne à comprendre

que par la foi, l'homme parviendrait à de stupéfiants effets.
C'est en ce sens que je me propose de vous entretenir aujour-
d'hui.

Vous avez appris que les parcelles de votre corps sont, pour
vous, ce que vous êtes sur ce monde. Il vous reste donc à
prévoir que si l'homme est influencé par les rayonnements
de ses molécules corporelles, lui-même peut, par leur ensemble et les siens (1) propres, agir sur le globe dont il est une
parcelle, un atome, et y annihiler les troubles quand il s'en
produit. En effet, l'astralité s'assimilant à votre force périspritale, il est certain que l'influence jetée en vous par les
rayonnements de vos parcelles se répercute dans la première par l'intermédiaire des courants extérieurs de la seconde
qui deviennent en somme les rayonnements parcellaires (ou
imaginatifs) de la planète. (Je sais, mes amis, que souvent
je me répète, mais je préfère vous rappeler plusieurs fois un
sujet que de craindre qu'il échappe de votre mémoire et rende plus ingrate votre compréhension).

Il est par conséquent à conclure que l'astralité peut être
modifiée dans son état par vos propres rayonnements, comme celle de votre corps, votre force périspritale l'est par les
rayonnements moléculaires, autrement dit, par les fluides imaginatifs. Et, en vérité, l'homme de foi, celui qui sait voir
et attirer ce qu'il désire, pourrait, en s'en donnant la vision
contraire (2), atténuer et anéantir tous les troubles atmos-
phériques ou autres sévissant à ce moment sur le globe. Supériorisant par sa foi son influence à celle de doute de la
plupart de ses semblables, il la ferait percer les nues, retenir le souffle du vent, etc.

Mais cependant, s'il peut supérioriser par sa foi son influence à celle de ces autres qui ne savent se prononcer ni
sur la fin prochaine, ni sur la continuation des troubles, il
ne peut agir semblablement sur la certitude que d'autres encore ont au point de vue du prolongement de la désharmonie
astrale.

Nous n'en sommes malheureusement plus au temps où Jésus calmait la tempête, et le moment n'est pas davantage
venu où tous les hommes, unis en une seule famille, se confondront en de mêmes desseins et convictions.

(1) ses rayonnements.
(2) C'est à dire la vision de l'harmonie complète.

Jésus, au jour où il arrêta la tempête, n'était accompagné, dans l'immense solitude des flots, que d'hommes *certains* à l'avance de la réussite de leur Maître. Tous avaient *une même foi* : la suppression du danger, et, à leur insu, ils aidaient et fortifiaient Christ dans son action.

Quelque puisse être ce pouvoir, ne commandez cependant jamais aux éléments que par nécessité et non par plaisir, et n'allez par conséquent pas renouveler la désorganisation de la Terre du bonheur. Ce ne sera d'ailleurs que lorsque les masses humaines se confondront en Dieu que le progrès de l'invisible leur sera vraiment accessible et l'évolution, plus parfaite.

Unissez-vous donc, humains, et possédez toujours plus de cette foi qui dictera l'amour aux hommes et aux diverses autres races, et qui, dans un temps donné, apportera à votre Terre son éternel printemps.

MEUDON.

Nota. — Je doute fort que l'exemple de la tempête apaisée par Jésus, exemple que vient de vous donner votre guide, ne soit combattu ici bas. « Pourquoi, dira-t-on, aller comparer cette âme élevée qu'était Christ à nous qui sommes encore inférieurs ? Si lui possédait ce pouvoir, (ce qui est sûr) il est certain que nous ne l'avons pas ! »

C'est une erreur ! Jésus, comme tous vous le savez, était de beaucoup supérieur à l'homme d'aujourd'hui, et naturellement plus encore à celui de son époque d'incarnation. Mais cela ne veut aucunement dire que tel pouvoir qu'il possédait est inaccessible même à l'homme de foi et d'évolution. Puisqu'il vous était supérieur, il n'avait aucun orgueil et ne pouvait par conséquent être venu humilier le faible, l'égaré, en lui montrant ce que jamais il ne pourrait acquérir.

Aussi, il apparaît clairement que Jésus ne s'est pas incarné sur votre planète afin de faire seulement apprécier ses prodiges. Non. Sa vie ne fut pas un spectacle ; elle fut un exemple où, au milieu des persécutions et des peines, il ne fit jamais rien que l'homme ne puisse aussi faire un jour et, en apaisant la tempête, sa pensée était telle : « Voici, hommes de la Terre, ce à quoi vous parviendrez quand votre âme aura grandi dans l'amour et que, sortie de l'ombre, elle saura sillonner la lumière comme un splendide météore.

VIANEY.

L'Attraction Générale

Tout s'attire dans la Création, parce que tout a une même origine et une même cause : Dieu. Etudions donc aujourd'hui un des effets que cette attraction générale produit en vos corps : celui du magnétisme marin (ou attraction marine).

Souvenez-vous à ce sujet que l'eau, cet élément qui recouvre une partie de la croûte terrestre, s'est amassée sur votre globe au temps des déluges prémoteur et autres et vous vient de l'astralité. Constatez donc, par parallèle, que l'eau marine et vos forces invisibles sont également une masse de fluides astraux, et qu'il est naturel qu'une influence puisse naître entre elles.

Les vagues obéissent comme l'homme au mouvement astral, et si par exemple, le niveau de l'eau vous parvenant approximativement aux genoux, vous vous placiez à marée descendante au bord d'une plage, et que vous fixiez fermement un point de la mer assez rapproché de vous, vous vous sentiriez peu à peu attiré vers le large et devriez, pour éviter une chûte en avant, disjoindre les pieds que jusqu'alors vous auriez maintenus unis ; en vous abandonnant au calme et à la fixité du regard en dehors de tout aperçu du sol, l'attraction serait bientôt évidente.

Par analogie, vous remarquerez que le mouvement des vagues correspond en quelque sorte aux passes du magnétisme expérimental et, fixant les ondulations harmoniques des flots, vos rayonnements visuels extérieurs s'unissent à l'astralité qui, elle, vibre du mouvement des vagues auxquelles elle est fluidiquement mêlée et qui, peu à peu, vous emporte, à votre tour, loin du rivage d'où la mer se retire.

.... Ah ! sachez trouver au milieu de la grande conception divine, les innombrables découvertes qui, en vous grandissant, vous élèveront plus haut que ce grade d'homme dont vous êtes si fiers !

MEUDON.

....

L'attraction générale ne s'attache pas seulement à l'invisible, mais encore à la matière. L'Univers dans lequel *tout* s'attire, est un vaste champ parsemé d'une innombrabilité de petites graines qui sont les *globes matériels* et qui, dans un

11

certain temps, répandront les meilleurs parfums de l'amour fraternel et divin.

Si donc l'homme est influencé par la mer à l'aide de son invisible, il peut l'être aussi à l'aide de son corps, attendu que l'eau est une condensation.

La création remonte, sinon à une unité de fluide (l'éther), tout au moins à deux essences (l'éther et l'universel). Quelles que soient l'agrégation d'une matière et la création visée, il est une chose certaine : la cause est Dieu et les effets ne peuvent être qu'une conséquence de l'union ou de l'individualisation des deux fluides premiers.

D'un autre côté, observant la Nature d'une manière moins générale, on acquiert certitude que les habitants d'un même globe possèdent forcément en eux, pour s'harmoniser à son régime vital et l'habiter, tous les éléments et le même degré condensé que leur planète.

Il devient alors compréhensible que l'homme peut être impressionné par toutes les forces du monde qu'il hante et qu'en conséquence le terrien, possédant en lui une quantité harmonique de sel marin, se trouve influencé par la supériorité saline de la mer. Il est cependant remarquable que cette action matérielle n'est pas aussi puissante que celle invisible dont vous entretenait tantôt votre protecteur, mais elle est néanmoins apte à fortifier cette dernière.

Ainsi donc, les matières s'attirent entre elles comme l'invisible attire son autre partie et, prétention que l'on ne saurait combattre : *tout, par l'attraction, est relié à Dieu !*

GALL.

Les Maladies ou les Révolutions du Corps Humain

Formation des Maladies
Origine de leurs Symptômes

Lorsque tout-à-coup l'air vient à lui manquer, l'homme se sent poussé vers le dehors. S'il est enfermé et que des liens le fixent à une même place, il s'efforce de les briser au prix de multiples blessures et court vers la plus faible fissure où il applique avidement ses lèvres brûlantes.

De même, lorsque cesse l'harmonie des forces invisibles qui sont en quelque sorte toute sa nourriture et sa respiration, l'âme se lance subitement au dehors de son corps afin d'aspirer dans l'ambiance quelques parcelles d'éther qui, souvent (la désharmonie complète — la mort — étant pour ainsi dire chaque fois provoquée par cet élan trop brusque), ne peuvent qu'apaiser des souffrances n'existant déjà plus.

Cette désharmonie générale ne vient cependant guère jamais qu'à la suite de nombreuses autres partielles que vous appelez maladies et au sujet desquelles nous consacrerons dès aujourd'hui quelques séances de description.

Voyons d'abord comment elles se forment et pour cela souvenez-vous que l'Esprit développe, dès sa naissance, sa force périspritale, et que plus tard, durant toute sa vie, il allège les facultés et les membres qu'il fait agir dans le bien, — ou alourdit et universalise les sens et les organes qu'il livre le plus à la perversité, — de telle façon que le corps possède ici des cellules allégées, et là, des cellules alourdies dont les rayonnements se déversent également dans la force périspritale.

Il se comprend qu'ainsi les parcelles allégées toutes proches de celles supérieurement universalisées peuvent de moins en moins unir et rendre sympathiques leurs rayonnements à ceux grossiers et plus lourds de leurs voisines qu' de plus en plus sombrent dans le mal par l'aveuglement de l'Esprit. Si donc un jour vient où les parcelles moins denses s'intériorisent par trop à la puissance de celles plus universelles, il en résulte une antipathie rayonnante et imaginative qui, se répercutant dans la force périspritale, en désorganisera la fécondation nécessairement)plus matérielle en ce membre (ou cet organe) que dans d'autres demeurés allégés, et cette force, reportant à son tour les sensations parcellaires à l'Esprit, y détermine l'impression de sa désharmonie et, par conséquent l'influence imaginative de la souffrance qui s'y prolonge à l'aide des courants d'habitude.

En réalité, ce n'est pas votre corps qui souffre ; ce sont ses parcelles, et en cela vous trouvez le pourquoi de la localisation de la douleur, de la maladie, cette expiation que peut-être vous devez depuis déjà plusieurs existences.

Et voilà, homme, ce qu'est le poids obsesseur sous lequel tu courbes un front plissé. Redresse-toi et jette au loin les ronces que tu as amassées en ton âme meurtrie ; va sans jamais te retourner vers ton passé fangeux ; oui va et appelle vers toi l'Espérance et la Foi qui, apaisant tes souffrances, te rappelleront à une vie plus pure.

....

D'après ce que je viens de vous dire, vous pouvez vous demander pourquoi il existe un aussi grand nombre de symptômes attendu que la maladie n'a qu'une cause : le mal que l'on a fait ; et un seul effet : la surabondance universelle dans le périsprit.

Ne vous étonnez cependant pas de cette non unité symptômatique et sachez, amis, que l'homme n'obtient que selon ses œuvres et n'attire vers lui qu'autant de bien ou de mal qu'il en a provoqué ou produit : il aspire les influences relatives à celles que lui même fait rayonner.

Reportez-vous d'ailleurs à ce que nous vous avons dit au sujet de la désagrégation du corps, et rappelez-vous que les désagrégeants se répandent dans l'Espace et s'attirent entre eux. Vous comprendrez alors que tous les désagrégeants d'une évolution équivalente forment sympathie entre eux (d'où influences et résultats semblables lorsqu'ils se recondensent par l'attraction et l'aspiration corporelles) et que si l'un de vos semblables est malade à la suite de telle faute, de telle passion, etc, ses désagrégeants maladifs se répandent dans l'Espace et s'unissent à ceux auxquels ils sont sympathiques et dont ils sont la conséquence, c'est-à-dire ceux qui furent l'action.

Donc, je le répète, lorsque ces désagrégeants se recondensent chez des êtres d'un même progrès que celui à qui dernièrement ils appartenaient corporellement, ils apportent le germe des symptômes, et lorsque ces êtres tombent dans l'abîme que par leurs fautes ils se sont ouvert, ils souffrent des mêmes maux que ceux qui les ont précédés dans leur voie actuelle.

En réalité, les symptômes ne sont rien ; ils ne sont qu'un alliage des désagrégeants imaginatifs d'autres frères livrés à la douleur...

... O vous qui savez, amenez ceux qui souffrent à se repentir sincèrement de leurs fautes. Encouragez-les au bien et si leurs actes s'accordent à vos conseils, leurs souffrances disparaîtront car il n'est pas d'expiation injuste !

MEUDON.

Les conséquences de la maladie

On pourrait dire avec justice que la maladie est une époque de raison. En elle, l'homme se sent obligé de consulter son passé et souvent, l'affaiblissement universel amoindrissant peu à peu l'ascendant de la matière sur l'âme, il s'assimile mieux que jamais toute la portée du mal qu'il a commis jusqu'alors. En un mot, dans la maladie l'homme évolue.

Cependant certains regrettent parfois encore au cours de leurs souffrances les joies matérielles qu'ils se sont accordées, les funestes plaisirs du passé, et vont même jusqu'à désirer ardemment leur soulagement... pourquoi ? — pour reprendre le joug des passions... Ah ! combien vous devez plaindre ces frères, mes amis ; combien est difficile leur complète guérison, car aucun doute ne doit subsister sur ce point : il n'y a pas que l'action qui appelle l'expiation. L'ardent désir, dont la réalisation est empêchée par une circonstance quelconque, devient d'une importance égale à l'acte qui en aurait résulté si aucun obstacle ne s'était présenté. Il est en effet bien compréhensible que le geste n'étant en somme qu'une conséquence de la réflexion, la vibration de la mauvaise pensée entache l'âme tout autant que lui même.

D'ailleurs Jésus a dit : « Celui qui hait son frère est un grand criminel », et tous vous savez que le plus souvent la haine n'est pas agie mais tenue entièrement secrète. D'un autre côté, cette autre parabole du Christ : « Celui qui tue par l'épée, périra par l'épée » nous démontre suffisamment la seule différence qui peut exister entre l'expiation de la mauvaise *pensée* et celle de *l'acte* méchant car « celui qui faute par l'âme, souffrira par l'âme » et « celui qui succombe à ses passions, souffrira par le corps. »

En vérité, les conséquences de la maladie sont de livrer l'homme à sa raison et de lui offrir une nouvelle orientation en supériorisant momentanément son âme... Nul état ne peut le rendre plus imposant et plus vénérable, et il est fréquent de rencontrer de ces frères qui, habituellement toujours prêts à faiblir devant le moindre obstacle, se raidissent et font montre d'un sublime courage dans la douleur expiatrice.

Aussi, frères terriens, retracez votre passé dans la souffrance et réagissez contre l'avenir, afin que l'au-delà puisse verser en vous le baume de la santé, la force de l'harmonie !

Bons et dévoués amis, au revoir !

VIANEY.

La médiumnité guérissante

..... Observons aujourd'hui les sublimes mécanismes de la médiumnité guérissante.

Quand je dis « sublimes mécanismes », mon intention n'est pas d'apporter une importance particulière à nous qui les exerçons. Nous ne connaissons que trop notre état d'atome, et en ce qualificatif : « sublime » je ne fais qu'admirer encore l'œuvre de Dieu dans laquelle nous puisons les forces pures qui nous aident à provoquer chez nos frères incarnés, le soulagement de leurs souffrances. D'ailleurs ce nous est une récompense et non une tâche puisque nous trouvons partout ce qui nous est nécessaire dans l'action, et si un hommage était réservé, ce n'est pas à nous qu'il devrait être adressé, mais bien à nos médiums qui, sacrifiant leur avenir et leur vie à Dieu en même temps qu'à nous, se vouent à la raillerie, cette triste reconnaissance réservée ici bas à ceux qui veulent faire un peu de bien. Que votre monde est ingrat, ô mes amis !...

Le médium guérisseur est très souvent inspiré et, si avant

la production de sa faculté guérissante, il a été développé dans une autre médiumnité (que celle d'inspiration) par un de ses familiers ou amis, le guérisseur de l'Espace qui alors le protège entreprend aussitôt après l'extension de son action curative, l'atténuation de l'autre médiumnité pour la remplacer par celle de l'inspiration directe. Je dois ajouter de plus qu'une attention soutenue leur étant nécessaire pour la production de la continuité rayonnante des extrémités digitales, le développement de la médiumnité guérissante est souvent épuisante pour les médiums et surtout encore pour ceux de ces derniers à qui ce don est une épreuve, un rachat de la fausse route qu'ils ont pu faire.

Le malade, en venant vers nos médiums et vers nous, doit être animé par la foi et comprendre l'existence obligatoire de Dieu. Il faut qu'il sache s'adresser à Lui avec cœur et amour pour lui demander sa guérison par notre intermédiaire. Sinon, il rend notre action plus difficile et plus longue : ne croyant pas à la cause, à Dieu, il devient contraire à l'effet, à la Création, à la Nature dans laquelle nous puisons les forces qui doivent le guérir. Il faut, en ce cas, que nous produisions supériorité sur son âme hallucinée, ce qui parfois et même souvent peut échouer. Il faut aussi qu'il se sympathise au médium guérisseur et qu'au sentiment de compassion de ce dernier, réponde de sa part un élan vers le bien, vers l'amour du prochain.

Bref, quand un frère souffrant vient vers nous en de telles conditions de foi et de repentir, nous faisons, afin qu'ils soient assimilés aux corps, pénétrer chez le médium. les fluides que nous avons puisés dans l'Espace ; puis, ses (1) rayonnements se sympathisant et se confondant à ceux de notre intermédiaire (2), nos mêmes fluides se déversent par les extrémités digitales de ce dernier et vont atteindre l'organe malade où nous rétablissons, par leur nature plus pure, l'harmonie et l'allégement : les courants d'habitude de la souffrance se rompent et les flux périspritaux se répartissent tout à travers le corps ; le malade est guéri.

Mais, hélas, les malades de foi sont plutôt rares et il nous est souvent difficile, tant leurs rayonnements sont de doute et antipathiques à nos médiums et à nous-mêmes, d'achever

---

(1) Les rayonnements du malade.
(2) Médium.

la guérison à l'instant. Le résultat se produit alors pendant la nuit, quand leur âme est moins matérialisée et plus clairvoyante : attirés par la présence de nos fluides, nous allons auprès de ces frères et rayonnons en eux ; nous les plongeons dans le baume de l'Immensité. Ils se pénètrent de cet atmosphère parfumée et pure de la Nature et, contrairement à la fleur qui, pendant le jour, se dresse vers les chauds rayons du soleil pour qu'une main profane vienne la ravir et la froisser sans pitié, — près de nous, la nuit, les malades aspirent les célestes senteurs qui leur feront bientôt relever leurs fronts sereins que la maladie, comme une main barbare, ployait sous le joug de la douleur.

Enfin, lorsqu'ils se réveillent dans le rêve du jour, ils sentent que Dieu, dans sa bonté extrême, leur a accordé ce qu'ils n'avaient pas même daigné Lui demander.

O malades, ayez la foi car elle est le remède de vos maux !

MEUDON.

....

(Voici ce qui nous fut dit à une autre occasion, au sujet de cette même médiumnité).

....

La médiumnité guérissante est une médiumnité d'âme. C'est par les vibrations de pitié et d'amour que nous provoquons en lui que le médium guérit son prochain. Si son âme et sa volonté ne s'harmonisaient pas à ces sentiments, il bloquerait notre action entière. Nous déversons en lui nos forces pures qui par cela même s'assimilent à l'harmonie du corps et acquièrent le degré de vitalité nécessaire au malade. C'est alors que par ses élans d'amour, le médium rayonne entièrement vers le malade et guide mécaniquement nos fluides vers l'ambiance de ce dernier qui, suivant sa foi ou son doute, suivant son désir de devenir meilleur ou son antipathie et son incrédulité, les absorbe ou les repousse, rendant certaine ou presque impossible sa guérison.

MEUDON.

LIVRE DEUXIÈME

L'AU-DELÀ

PREMIÈRE SÉRIE

Sa Vie et ses Coutumes

Tous égaux

Votre monde, quoique ne lui étant pas semblable, est le frère du nôtre. Combien alors votre alarme est futile lorsque vous le craignez : dans la pire souffrance, dans l'expiation la plus cruelle, notre séjour semble meilleur car jamais l'éprouvé, l'esprit le plus vil n'est abandonné à ses maux par ses frères supérieurs.

L'âme de l'Au-Delà est ce lien indestructible par lequel Dieu rattache toutes ses créatures l'une à l'autre en même temps qu'à Lui-même ; elle est l'Amour grand et pur, mais non cet amour *propre* qui, sur Terre, vous empêche d'aimer votre prochain.

Jadis une âme descendit parmi vous afin de sauver l'humanité de l'oppression des grands et de la discordance fraternelle qui régnaient en elle. Elle vint vous prophétiser la récompense future, vous peindre le but que vous devez atteindre et vous prévenir de l'égarement du droit chemin. Elle arracha toutes les épines qui dissimulaient à vos yeux la route du bien tant ignorée de l'homme, et vous, en récompense de ses bienfaits, vous ramassiez ces mêmes épines qu'elle avait eu tant de peine à déraciner de ce sol pervers et lui en tressiez une couronne qui vint meurtrir son front si pur.... Puis, un jour, elle s'endormit sur une croix en contemplant au loin, vers l'horizon brumeux, les roses de l'avenir, la paix du lendemain.

Cette âme était Jésus qui alla parfois vivre quelques instants parmi le monde corrompu. En cela, il vous peignait notre monde et vous démontrait, en traçant l'égalité entre tous, que le méchant, son frère et le vôtre, a plus besoin d'être guidé et ramené à la droite route que ceux qui la suivent sans écart. Il vous peignait notre monde, dis-je, car notre âme, comme la sienne alors, s'élève trop haut vers Dieu pour qu'elle puisse ressentir le plus intime malaise du contact impur.

La charité nous interdit de jamais mépriser notre semblable et, si ce n'est pour vous mettre en garde contre les embûches et leurs mauvaises et trompeuses influences, nous ne vous aurions jamais entretenus de l'infériorité de certains de nos frères. — Haïr son prochain ou le calomnier, c'est blesser son esprit comme l'on blesserait son corps en le frappant d'un poignard.

Notre amour se partage en égale quantité parmi les inférieurs et nos frères de supérieure ou de même élévation. Aucune différence ne s'établit dans notre monde sidérien, et, voyant cette égalité, les méchants s'améliorent.

Combien nous voyons de ces égarés qui, au dessous de nous, pleurent sur la vision de leur passé et tentent, mais en vain, de rejeter les fardeaux qui les rendent trop lourds pour monter jusqu'à nous. Nous descendons vers eux et calmons leur douleur en les plongeant en de douces espérances.

Alors, sur leur visage impalpable où apparaissent encore les rides de la matière et les morsures de l'offense, des éclairs de bonheur passent et illuminent l'obscurité de leur âme d'où se détachent tout à coup de semblables pensées reconnaissantes : « Merci, frère, de votre amour qui nous fait égaux à vous, qui vous fait nos soutiens et nos consolateurs.»

HÉROAN.

Notre langage

Notre voix, notre pensée et notre ouïe ne sont qu'images. Nos âmes s'abordent et rayonnent, et chacune d'elles *entend* ce que l'autre pense non pas à l'aide de mots, mais par visions, (je le répète) par images, par le langage de l'âme. Il n'est plus en effet d'idiome dans l'au-delà, et lorsque nous venons verser quelques flots de l'Amour d'extra-Terre en votre exil et que nous neutralisons de la matière l'âme du médium, nous passons notre pensée à cette dernière en gravant en elle nos visions que souvent elle-même traduit en la langue de votre peuple.

Photographiées dans la clarté des âmes, nos idées sont apparentes à tous (1). Plus de mots trompeurs ; plus d'expressions contraires à l'intention. Plus d'affection dans la parole quand la haine ronge les âmes !

Qu'ils sont malheureux ceux qui restent aveugles malgré la lumière intense de notre unique patrie à tous..... Ils errent tristes et sombres, cherchant l'ombre et l'oubli.... Potentats du passé redevenus atomes, ils aspirent au calme et à la solitude pour comploter encore contre le faible, l'humble de jadis qui passe en les pénétrant de ses rayonnements. Mais, pas une place loin de tous ; pas une cachette inconnue ; partout, au contraire, l'affreuse vision du remords justicier.

« Dieu, disent-ils, pourquoi as-Tu créé au delà du sol où j'étais craint et loué, ce monde où *l'homme pense jusqu'au dedans des autres ?* Pourquoi aussi m'as-Tu fait grand pour qu'un jour le petit pénètre ma douleur ? Ma haine est dévoilée, mes complots sont bannis. M'as-Tu donc condamné à souffrir toujours des offenses de ceux que d'un geste jadis j'aurais jetés dans l'oubli, sinon dans la mort.

Mais des voix rayonnantes répondent à chacun d'eux : « Non ! Abandonne là ton remords, frère, et laisse-nous te guider. Apprends à connaître d'autres joies et bonheur que ceux de cette Terre de haine où tu te croyais grand. Ce monde où tu vis à présent est celui de l'Amour, celui où chacun est petit, mais l'égal et le frère de tous !

ÇAKIA-MUNI.

L'homme et les animaux

Amis de la vérité, Salut !...

Vous vous trouvez moins délaissés lorsque près de vous vient un compagnon animal, généralement un chien, et pourtant vous ne pouvez comprendre jusqu'où va l'affection de ce fidèle gardien.

Même après l'anéantissement vital de son corps, l'âme canine ne quitte que rarement son maître ; elle le suit par-

(1) Seulement aux désincarnés.

tout comme par le passé, le caresse et souffre de l'abstention de récompense à laquelle elle est soumise (1).

Que d'autre part, pendant sa vie incarnée, un membre de la famille parmi laquelle elle demeure vienne à mourir, elle cherchera longtemps le disparu, et s'il vient par instants visiter le logis endeuillé, elle sentira l'invisible, ira à l'endroit qu'il occupe, s'y absorbera et restera immobile.

Quand l'homme et son ami d'exil se retrouvent ensemble dans l'Espace, l'affinité augmente parce que mieux comprise. Rayonnant dans la pensée obscure du chien, l'esprit humain obtient la traduction de ces signes, de ces multiples caresses qu'à tort il interprétait comme ayant toutes la même signification. Alors, au lieu de voir le chien aller vers l'homme, on constate avec joie que le maître dévoué descend vers son compagnon fidèle qui ne peut le suivre et le joindre là-haut. Je l'ai dit : c'est une réelle joie que de contempler l'homme descendre avec amour vers ces âmes plus jeunes qu'il aide à grandir, car de même que lui, en constatant l'existence de Dieu, se sent poussé à évoluer toujours davantage, les animaux à qui il donne un peu de son affection aspirent aussi à devenir meilleurs.

Dans l'au-delà, l'animal comprend le langage de l'homme, non pas celui d'ici bas, mais celui de l'âme, celui que Dieu fit unique comme l'âme elle-même....

... Que ne connaissez-vous bien notre monde, ô fils de la Terre. Ce n'est qu'au jour où vous l'aurez approfondi que vous pourrez seulement comprendre la félicité et la béatitude de ceux qui ont su faire bien !

LERMON.

Les suicidés

Bonheur à vous, chers neveux et amis !

... Vous ne prévoyez sans doute aucune des misères qui résultent par ici des actes avilissants et des emportements matériels auxquels on s'est livré au cours des existences d'incarnation. Elles sont hélas bien pénibles. Voici d'ailleurs celle qu'il me fut donné d'apprécier et d'approfondir quelque temps après ma délivrance charnelle.

---

(1) Elle ne comprend pas comme l'homme son état de désincarnation.
LERMON.

Comme tout désincarné nouveau, je me plaisais à sillonner l'Espace et j'admirais avidement quelques unes des beautés de la Création. J'étais véritablement revenu au bonheur.
La mort que vous craignez n'avait détruit de moi que le cauchemar terrible de longues années écoulées dans la solitude de
l'aphonie et enfin, je me sentais joyeux à me retrouver en
ce monde meilleur qu'est l'au-delà.

J'admirais donc et admirais sans cesse, quand soudain je
fus pénétré d'une profonde tristesse, d'une sensation que je
ne reconnaissais encore. Je fus cependant bientôt édifié sur
ce point quand j'aperçus à mon côté une âme au visage périsprital féminin, repoussant de ses gestes une image invisible pour moi.

Ayant été, sur Terre, poursuivie par le malheur, obsédée
par l'honneur matériel et hantée par la souffrance, elle n'avait
pu résister à sa douleur et s'était abandonnée au suicide.
Elle n'avait fait, hélas, que prolonger en notre monde les
peines qu'elle voulait abréger et, au moment précis où il me
vint de la contempler, elle revoyait l'image de sa mort et
tentait d'échapper à cette fin méprisable.

Afin d'apaiser son remords, je rayonnais en elle ; j'essayais
de la convaincre de l'irréalité de ses souffrances, de ses luttes et, véritablement, elle se calma et parut oublier sa cruelle vision....

Mais, dès lors qu'elle m'aperçut, croyant sans doute retomber dans un autre cauchemar, dans un autre délire, son
agitation reprit à nouveau : « Oh ! partez, pensa-t-elle avec
frayeur ; partez, fantôme impitoyable. Laissez-moi vivre
encore et ne me faites pas quitter ce foyer où l'on m'aime !
Ah ! que je suis malheureuse ! »

Je continuais néanmoins à rayonner en elle et finis par
l'amener à comprendre que ma présence ne lui était pas un
danger, attendu que son état devenu impalpable lui
révélait suffisamment son existence dans l'au-delà. Sa raison lui revint alors et ses gestes de répulsion et de désespoir se changèrent et me traduisirent sa reconnaissance. Je
lisais ces pensées en elle : « O affreuse vérité ! J'ai fauté et
n'ai pas achevé mon expiation... Etais-je folle donc pour
que mon désespoir, aussi grand qu'il pût être, m'eut fait oublier Dieu et m'eut rejetée, pauvre épave, en ce monde où
je me sens trop impure pour vivre heureuse ! Maintenant

à quoi en suis-je ? ne vais-je pas être obligée de renaître là-bas où mes parents me pleurent ? Si, il le faut certainement, et comme la souffrance sera double alors pour moi qui ai vécu quelques instants en ce délicieux séjour où l'on frôle partout l'amour et le bonheur, la pitié et la charité. Qui sait même si, toujours attirée vers ce monde meilleur, je ne serai pas continuellement poussée vers la mort ?... Oui, frère, je sens que *la mort me tentera et que ce me sera une nouvelle épreuve*, mais vous m'y aiderez......

Puis, d'un élan subit, semblant fuir la honte du remords qui encore la menaçait, elle s'enfuit vers la Terre où elle avait tant souffert et où elle se proposait de renaître pour expier plus encore.

A ce jour peut-être, faisant ses premiers pas autour de son berceau, elle sourit à la peine qui la guette et la brisera d'ici peu de temps.... Malheureuse égarée, que je te plains souvent, et combien ceux qui sont voués à l'épreuve doivent se raidir contre la faiblesse et l'abandon afin d'échapper à ces peines plus grandes.

... Soyez assurés, chers neveux et amis, de notre continuel et grandissant amour, et que ma pensée porte à mes amis d'ici bas sa sympathie plus étendue.

FRANÇOIS VALLENS. (1)

Comment on se retrouve dans l'au-delà

Ne croyez plus, amis, à la disparition sans fin de vos bien-aimés. Dieu comprend ceux qui aiment et ne veut pas que la mort leur soit une séparation. Chacun au contraire retrouve ses affections dans notre monde, et si parfois deux êtres se sont, dans leur épreuve, abandonnés à l'adversité, ils se pardonnent dans la pleine lumière (2) de l'au-delà, dans le regret et dans l'amour. Et cet amour, combien différent il est du vôtre, mes amis : il est fluide, par conséquent indestructible puisque tout fluide est éternel ; il est enfin une illimitable chaîne qui relie les êtres dans l'Espace, les attire l'un vers l'autre et les fait se rencontrer.

Lorsqu'un esprit revient dans l'au-delà (après sa désin-

(1) Oncle du médium.
(2) Par « pleine lumière de l'au delà », nous voulons vous démontrer la plus grande lucidité que l'au delà apporte aux âmes. — L. B.

carnation), il retrouve partout ce lien mystérieux qui l'attache à d'autres âmes dont déjà chaque émotion et chaque
pensée lui parviennent. Il éprouve leur sympathie et afin de
les rencontrer (si elles n'étaient à l'attendre au moment
de sa délivrance charnelle, bien entendu), il se laisse guider
par la force qui l'attire.

Un jour alors, dans les ardentes lueurs *des* crépuscules,
deux âmes font entendre à celles qui les entourent, un doux
concert de plaintes et de joies. Elles se disent leurs souffrances passées et leur bonheur d'à présent. Puis, voulant désormais jouir des mêmes béatitudes, écouter les mêmes murmures plaintifs des inférieurs, donner les mêmes consolations
aux souffrants et admirer les mêmes natures, elles s'élancent dans l'Immensité comme deux hirondelles volant vers
de meilleurs climats, et courent à la rencontre des autres
aimés qui peut-être ne tarderont pas à revenir au bonheur.

Ce n'est bien que dans l'au-delà que l'homme peut conclure des actes de ses frères et se rendre compte des erreurs
qu'il a faites en attribuant, par exemple, la discorde à deux
êtres qui, dans la réalité d'outre-tombe, s'unissent dans une
sublime tendresse ; c'est en effet dans notre monde que tout
se répare et se pardonne...

En vérité rien ne se sépare pour ne plus se rencontrer,
car Dieu ne fit qu'une famille, celle de l'amour dont nous
sommes tous membres, celle qui, après s'être désunie, se re-
formera dans le foyer de l'Infini où l'homme sera l'égal du
frêle oiseau chanteur !

L. B.

Les Rapports entre l'Au-Delà et le Monde Incarné

L'Obsession

S'il est des obsessions d'un caractère plutôt bénin, il en est d'autres aussi pouvant entraîner à des suites regrettables.

Les premières, qui ne sont généralement qu'accidentelles, sont dues à des esprits moqueurs et frivoles, mais tout-à-fait ... fs pour le moral de l'Incarné ; elles se révèlent surtout da s l'atténuation instantanée des médiumnités ou dans l'absorption de ces dernières par des mensonges, des subterfuges parfois si bien menés que quiconque, ignorant les supercheries dont sont capables les inférieurs de notre monde, accepterait facilement pour vérités. On les trouve cependant encore chez des personnes à qui les obsesseurs semblent interdire toute lecture, toute prière, etc.

Il est néanmoins facile aux victimes de ce genre d'obsession d'en éloigner, par l'obstination, les effets et les causes, ce qui n'est guère possible en cette autre si proche de la folie : le mal attirant le mal, les incarnés ou jaloux, ou haineux, forment de leurs désagrégeants une ambiance profitable aux esprits qui, animés de semblables sentiments et errant dans le Terre-à-Terre pour exercer leurs besoins de vengeance, s'attachent à eux et s'aveuglent dans le contact prolongé de la matière.

La sympathie fluidique qui résulte de cette union de deux esprits d'une même évolution permet que les pensées de l'obsédé et de l'obsesseur se confondent, et il arrive que ce dernier, dans son aveuglement, s'hallucine et croit rencontrer chez ceux à qui l'incarné destine sa haine ou sa jalousie, les victimes que lui-même avait voulu faire dans le passé.

C'est dès ce moment que l'obsédé se sent emporté sur une pente d'où rien, si ce n'est sa volonté, ne pourrait le retirer. Ses ressentiments augmentent de jour en jour. Il ne voit de beau que l'adversité entre lui et ceux qu'il méprise. Le calme que quiconque veut ramener en lui ne fait que grandir ses mauvais desseins. Il en vient même à voir et croire ce qui n'est pas, et, comme l'au-delà ne peut véritablement rien pour le débarrasser de son idée fixe et fausse si lui-même ne réagit contre elle par sa volonté, il s'expose à de grandes douleurs lorsque la réalité se dressera devant lui et qu'il aura semé des préjugés de déshonneur sur ceux que son obsession lui commandait de trahir.

Voilà, chers enfants et amis, ce que sont aussi ces aliénés qui vont vivre dans la solitude et la souffrance, quoiqu'en dehors de leurs ressentiments ils possèdent un raisonnement ferme et juste comme tout autre de leurs frères. Que ceux qui sont leurs victimes pardonnent les maux qu'ils leur causent ; que par leur éloignement ils leur procurent de même le moyen de guérir la plaie qui les ronge !

Au revoir et à bientôt, enfants et amis !

J.-B. VALLENS. (1)

L'obsession d'amour

C'est une souffrance pour vos disparus que de se sentir pleurés et de constater la peine et la douleur des âmes chères abandonnées sur ce sol inférieur, et certes, lorsque vous contemplez les pleurs d'une mère endeuillée, vous ne pouvez prévoir l'épaisseur du voile dont elle recouvre le bonheur de son enfant.

Aucun élan, aucun appel ne nous est étranger ni ne nous échappe, et lorsque les sanglots d'une femme frappée en son affection maternelle parviennent au fils regretté, celui-ci, quoiqu'à peine reconnu en son nouveau monde, revient vers le Terre-à-Terre où toutes choses ne font que lui rappeler la souffrance et l'épreuve. Il retrouve plongées en un profond désespoir, sa mère et sa famille. Tous ceux qu'il aimait sont là qui appellent son souvenir et lui, lui que l'on croit perdu à jamais dans l'Immensité des Cieux ou peut-être malheureux et torturé dans les flammes infernales, est près d'eux sans pouvoir répondre à leurs plaintes et prononcer ces suprêmes paroles : « Séchez vos larmes,... je suis près de vous. »

(1) Aïeul du médium.

12

— Non, il ne peut que semer ce qu'ils ne savent récolter : sa pensée.

Cette âme, comme un oiseau blessé, ne peut reprendre son vol. En elle s'est ravivée l'affection filiale, et, tentant sans cesse de rayonner en l'âme de sa mère et l'impressionner de sa pensée, elle ne fait que l'attirer par sa plus grande force au dehors de son corps, l'obséder et la projeter sans cesse davantage en des extases d'amour.

Leurs fluides à tous deux se mêlent et se confondent continuellement. Il vient même parfois un moment où l'éther plus pur du disparu désorganisant peu à peu la vitalité corporelle, les parcelles charnelles dépérissent, et où, au lieu d'une âme, on en peut voir deux voler dans un même élan vers les beautés innommables de la Nature. C'est qu'ainsi, par son obsession d'amour, le fils disparu a innocemment livré sa mère éplorée à une mort prématurée et a mis fin peut-être à une vie inachevée, pour le recommencement de laquelle leur envolée heureuse devra se terminer en une nouvelle et plus cruelle séparation : la réincarnation.

Ah ! de grâce, frères de la Terre, ne vous livrez pas au désespoir en pleurant ceux qui *pour un moment* vous ont quittés, car vous les appelez vers votre malheur, vers les choses d'ici bas qui ne peuvent que troubler l'heureuse vie qu'ils se sont préparée dans le labeur et l'effort. Ne faites qu'élever vos âmes vers eux, et leur souffle, leurs baisers éthérés illumineront de joie la lividité de vos fronts austères !

GALL.

Le hasard et la fatalité

Rien de votre vie ne doit être attribué au hasard, à la fatalité, et cependant votre destin n'est pas régi par Dieu ; il l'est par ces intelligences supérieures qui sont vos guides et qui, pour vous élever au dessus de la matière terrestre, vous poussent dans l'épreuve.

Humaines comme vous et issues du même fluide central, elles (1) possèdent votre nature et ne diffèrent de votre âme que par leur supériorité éthérée par laquelle elles vous influencent.

Tous vous avez votre guide personnel et si, pour une cause

(1) Les intelligences supérieures, les guides.

quelconque, vous venez à en être momentanément privé, d'autres se multiplient pour le remplacer auprès de vous, vous guider et vous protéger avec un égal dévouement.

Lorsqu'à votre réveil matinal vous vous abandonnez au cauchemar de la journée, votre guide vous conduit et vous donne l'impulsion de tel acte qui fera votre épreuve. Le premier geste accompli, il vous mène à la plénitude de l'expiation et vous abandonne au libre arbitre que toujours vous conservez en quelqu'occasion que ce soit.

Quand d'autre part deux âmes se sont destinées l'une à l'autre dans l'incarnation actuelle, il arrive fréquemment que ce soit un seul et même guide qui prenne leur protection à sa charge et les fasse se rencontrer, se rapprocher et se confondre dans un même sentiment, en déversant chez l'une l'influence de l'autre vers qui dès ce moment elle se sent entraînée et vice versâ. (Il provoque ainsi entre elles une sympathie fluidique qui les orientera et les mènera à la réalité de leurs desseins).

L'homme ne pourrait en aucune façon résister à ces influences qui le poussent et l'emportent vers l'inconnu. Il prévoirait l'épreuve qui bientôt l'épuisera que malgré tout il se livrerait à elle : rien n'empêcherait son vertige. Il serait donc inutile qu'il connaisse l'avenir, conséquence de son passé ; je crois même que cette connaissance lui serait funeste attendu qu'en ce cas il ne se sentirait pousser que vers le bonheur égoïste, loin de la souffrance et de la peine : loin de son salut.

Jamais alors il ne réacquerrait l'amour éther et pur, car, au lieu d'apprendre à apprécier par les siens les maux de ses semblables, il expierait sans aucun souci de la fin de ses épreuves comme le prisonnier qui, enfermé en son cachot, attend, en décomptant les heures qui l'en séparent, le jour de sa libération.

C'est pour cette raison sans doute que Dieu *voulut* l'oubli matériel et donna à ces esprits plus élevés les forces pures qui, les rendant plus grands, les aident à vous mener vers la vérité, vers l'amour, et à élever avec vous l'apothéose du bien et du bonheur !

R. NOEGGERATH.

Notre tâche

Salut à vous, chercheurs de l'Amour !

... Beaucoup de terriens s'illusionnent lorsqu'ils cherchent à rendre l'image de ce qu'est notre vie. Les uns s'affirment à eux-mêmes que nous ne sommes que néant, tout au plus des débris d'êtres. Les autres nous adonnent à une oisiveté paraît-il bienheureuse, et nous croient dans la contemplation constante de Dieu, ou encore (ce qui est mieux déjà) dans l'admiration continue des splendeurs de la Nature. Certains aussi nous attribuent la faculté de trouver une chose sans la chercher un instant.

Rien de cela n'existe pourtant, et sachez tous, humains, qu'il n'y a d'évolution possible que par l'étude, et qu'aucun mérite ne s'accorde au résultat qui n'est pas le fruit d'un travail soutenu. Si vous devenez plus heureux, c'est par votre courage dans l'épreuve, par votre réaction contre le mal; et comme un seul régime administre la vie de la Création entière, il en est de notre monde comme du vôtre ; chacun de nous, par ses travaux, ses enseignements et son dévouement, cherche à gravir le dernier échelon terrien pour aller vivre en un monde plus moral, plus savant, plus égal et plus fraternel encore.

Nous allons au devant de la douleur d'autrui, nous la calmons charitablement, nous sondons toute la Nature et jamais d'ailleurs nous ne cherchons en vain quelque effet de l'Infini.... Si vous saviez, amis, une bribe des connaissances de l'Invisible, de l'Au-delà ! Mais non, la supériorité terrienne est encore un but que dans votre savoir matériel vous ne pouvez même prévoir.

Longtemps nous avons tenté de nous révéler à vous ; longtemps nous avons échoué. La fin nous fit pourtant vaincre les difficultés et, à ce jour, un lien de plus en plus étroit nous retient à vous. Les frontières de l'Au-delà ne sont déjà plus, et dès le jour où les terriens sauront tous comprendre que leurs doutes envers nous sont injustes et que leurs défunts sont plus vivants qu'eux-mêmes puisqu'ils sont retournés à l'état éternel, notre plus grande et plus précieuse tâche sera de venir vous aider et vous dévoiler ces Grandes Connaissances auxquelles, quoique nous vous ayons dit jusqu'alors, vous n'êtes *aucunement* initiés.

Jusqu'à ce jour peut-être proche, ô terriens, souvenez-vous de ceci : *En vous se trouve toute la Nature*, toute la Création de ce Dieu qui se donne à nous et nous permet, par ce coin restreint de l'Infini, d'atteindre ses œuvres les plus majestueuses et les plus lointaines que sature sa Grande Ame de Miséricorde !

LIANA.

Les Mécanismes des Médiumnités

Les médiumnités de l'âme

Les médiumnités, ces facultés qui relient l'incarné à l'au-delà, se divisent aisément en trois catégories dont la première comprend les médiumnités de l'âme, celles où seul l'esprit de l'Incarné traduit la pensée du désincarné. L'avantage de ces dernières est de rendre plus difficiles l'obsession et l'intervention des esprits mauvais ou trompeurs, mais par contre nous ne pouvons par elles rendre aussi clairement les messages familiers, les preuves futiles toujours si nécessaires au point de vue de votre scepticisme actuel. Elles ne peuvent généralement que servir à la traduction d'enseignements où les images à rendre sont plus vastes, plus étendues, tels : la philosophie, les mécanismes de l'Univers, des révélations scientifiques, etc.

Pour le développement des médiumnités de l'âme, les désincarnés se mettent immédiatement en rapport direct avec l'esprit du futur médium qu'ils neutralisent entièrement de son corps, en ramenant vers lui ses flux périspritaux. Ils se pénètrent ensuite de son langage constant et, quand la médiumnité est développée en lui, ils ne le sensibilisent que dans le sens des mots qu'ils savent lui être plus halfituels et connus.

Une dépense fluidique considérable est par ce moyen évitée, car il est naturel qu'il faudrait doublement de tension autant pour l'incarné que pour les Esprits si ceux-ci passaient à l'autre des mots qu'il n'usite jamais. D'abord, le désincarné aurait beaucoup plus de peine à les dicter dans les rayonnements imaginatifs du cerveau du médium, et celui-ci de son côté aurait une grande difficulté à *sentir* une phrase dont les termes ne seraient, pour la plupart, de son vocabulaire habituel..... Il est cependant bien entendu que lorsqu'une expression particulière devient absolument nécessaire pour la pensée à rendre et que justement elle est inusitée par le médium, l'esprit en inspire ce dernier et la communication reprend son cours normal.

Par la pratique, la médiumnité se développe et grandit de jour en jour : elle devient un véritable courant d'habitude, c'est-à-dire sans cesse plus facile, et demande de moins en moins d'attention et de fatigue.

Quoique ne pensant que par image ou, si vous le voulez, ne s'exprimant que par son propre langage qui est celui de tous, l'esprit arrive néanmoins à se faire traduire par le médium qui, devenu plus sensible, pense sans presque le savoir quand il est plongé dans l'état médianimique et se demande même parfois, lorsqu'il se ressaisit, s'il pensait, ou au dedans ou au dehors de son corps, ou plus haut.

Les rayonnements du désincarné se déversant en effet avec grande intensité sur l'âme terrienne, celle-ci semble n'en former plus qu'une avec le précédent, et quelquefois, attirée vers lui, elle quitte faiblement son organisme et pense dans l'atmosphère. Dans ce dernier cas elle se trouve comme dans un de ses rêves nocturnes ; elle n'appartient à son corps que par les liens fluidiques qui l'y retiennent et lance en lui les vibrations traductrices de la pensée de l'esprit communicant, par les courants invisibles de sa faculté médianimique.

Les médiums de cette catégorie surtout se sensibilisent et s'assimilent très facilement à l'état des âmes qui se révèlent par eux. Ils gardent même souvent l'influence propre à chacune d'elles et acquièrent alors un caractère n'ayant plus aucune stabilité.

Les médiums sont-ils en danger ? — Non s'ils savent ne pas abuser de leur faculté. Toutefois, s'ils désirent ne pas épuiser leurs forces et recevoir des enseignements suivis, il est nécessaire qu'ils se vouent entièrement à la médiumnité et renoncent aux travaux épuisants de la pensée ou de la matière. Ce désir est pourtant chose inutile tant que leurs guides ne les aient prévenus que cette consécration de leur vie terrienne à l'au-delà est un devoir, une volonté anti-incarnante.

Ayez et semez donc la Foi sans crainte, ô médiums qui vous dévouez au bien et à l'enseignement de vos frères sous l'avertissement de l'au-delà. Toujours Dieu vous aidera et vous inspirera le courage dans l'épreuve ; toujours ce Grand Amour vous élèvera de plus en plus au dessus du Terre-à-Terre et vous écartera des inquiétudes de ce monde.

Il veille sur tous ceux qui L'aiment en aimant leur prochain !

~~~~~~~~~~

Les médiumnités semi-mécaniques

Une médiumnité est, ou mécanique, ou semi-mécanique,
ou d'Esprit, suivant qu'elle se révèle dans un corps plus
ou moins universalisé soit par acte ou travail, soit par le
contact de la foule. Plus l'universel est puissant et supérieur
dans les membres ou les organes que nous employons pour
l'exercice des facultés médiumniques, (1) plus celles-ci deviennent mécaniques.

Le contraire caractérise les médiumnités de l'âme qui se
rencontrent le plus souvent chez les incarnés aimant la solitude, le calme, et se mêlant le moins possible à la multitude
parmi laquelle l'esprit, malgré sa supériorité et sa réaction,
ne peut véritablement se soustraire à l'absorption des fluides plus matériels. En conséquence le médium d'âme affaiblirait sa faculté en demeurant ou vivant fréquemment
dans une ambiance bruyante et plus universelle, et, opposément à cela, les médiums mécaniques deviendraient d'abord
semi-mécaniques puis acquerraient la faculté d'âme en s'éloignant toujours davantage du monde et de son effervescence.

La seconde catégorie comprend les médiumnités semi-
mécaniques, autrement dit celles où le médium n'obtient
le reflexe de la pensée du disparu que juste au moment où
sa main, sous la conduite de ce dernier, la reproduit sur le
papier.

Pour développer ces facultés, nous nous mettons peu à
peu en rapport harmonique avec le bras, nous y fortifions
le courant et nous nous exerçons à le guider par tous
moyens, jusqu'à ce que les caractères d'écriture se tracent
sous notre volonté avec la facilité et la promptitude désirables. Dès lors nous pouvons vous dire nos pensées, nos
encouragements et nos affections grandissantes.

Les familiers préfèrent souvent cette médiumnité, davantage même encore celle mécanique, car ils trouvent en elles

(1) Afin que les rapprochements soient plus faciles, nous prendrons,
pour les trois catégories de médiumnités, l'exemple de l'Écriture ; il est
toutefois bien entendu que toutes les facultés d'une même catégorie présentent un semblable mécanisme. (Meunos).

plus de moyens d'intervention (et écrivent exactement ce qu'ils ne pourraient traduire qu'avec peine par la faculté d'âme. D'ailleurs les avantages se partagent dans toutes les médiumnités, et ce que l'une ne rend qu'avec difficulté est réalisable avec grande aisance chez l'autre.

Quant au reflexe de notre pensée au cerveau du médium, il se produit lorsque nos fluides pénètrent le bras et influencent suffisamment pour les dominer dans le mouvement de l'écriture, les rayonnements moléculaires et imaginatifs. En effet, les vibrations de notre volonté se répercutent en eux (1) qui, à leur tour, se confondent à la force périspritale média, c: ,de même que dans la maladie ils réalisent en cette dernière (2) l'imagination, la pensée de la souffrance, ils lui font ici reporter l'impression de nos idées au foyer de l'âme passive et intermédiaire. Le médium en ce cas éprouve les vibrations de notre volonté, comme tout incarné perçoit les vibrations visuelles de la personne qui le fixe.

Les Médiumnités mécaniques

La troisième et dernière catégorie comprend les médiumnités mécaniques, celles où le médium reste tout à fait en dehors de ce qu'écrit sa main et ne pourrait réagir en aucune façon contre les mouvements qui lui sont imposés par l'Esprit communicant.

Pour le développement de ces facultés, nous nous bornons à mettre nos rayonnements en rapport avec ceux imaginatifs du bras du médium ; l'ambiance corporelle étant chez ce dernier plus matérielle que par exemple chez le semi-mécanique, nous n'avons plus en effet aucun besoin d'étudier ni d'observer le vocabulaire médiumnique comme nous le faisons pour les deux autres catégories.

Si cependant en cela notre tâche devient plus facile, elle est par contre plus épuisante : devant sans cesse commander aux rayonnements moléculaires du bras et supérioriser en eux notre volonté à celle de l'esprit incarné que leur apportent les effluves périspritaux intérieurs, nous avons forcément une plus grande dépense fluidique que dans les médiumnités d'âme où (quand elles sont développées) nous ne

(1) Rayonnements imaginatifs.
(2) La force périspritale du malade.

devons que simplement donner à notre interprète incarné
l'image de notre pensée pour que celle-ci vous soit immédiatement révélée.

Ici, c'est en véritable supplément qu'il nous faut produire
supériorité vo.ontaire sur les rayonnements imaginatifs du
bras médium, et, s'il nous était possible de l'éviter, le mécanisme serait pour ainsi dire semblable à celui des médiumnités d'âme. La seule différence se remarquerait en ceci qu'au
lieu de lancer directement l'impression de notre pensée à
l'esprit intermédiaire, nous la faisons pénètrer le bras où
elle rencontre, et les rayonnements imaginatifs ou moléculaires dans lesquels elle se grave, et les courants d'habitude
de l'écriture qui se l'assimilent identiquement comme si elle
venait de l'âme même du corps. Comparativement, nous nous
incarnons dans le bras après l'avoir neutralisé de l'Influence de son Esprit et lui commandons comme nous le faisions
au nôtre dans nos incarnations du passé.

A l'aide de ces médiumnités, nous pouvons employer nos
expressions personnelles, et même il nous devient possible
quelquefois de reproduire notre écriture, voire nos signatures exactes, tous résultats enfin qui sont irréalisables par
les facultés semi-mécaniques et intellectuelles (1).

Les conséquences des médiumnités

Je vous faisais allusion tantôt à l'instabilité de caractère
qu'acquièrent un grand nombre de médiums ; se faisant l'interprète de nombreux esprits d'une influence quelque peu différente chacun, ils éprouvent une sorte de vertige moral.
Leur pensée ne leur appartient pour ainsi dire plus, et leur
âme ressemble à quiconque de vous que l'on interrogerait sur
divers points à la fois : elle ne parvient plus à s'orienter.

C'est pourquoi nous recommandons ardemment à ceux qui
les entourent d'avoir grande indulgence, de ne prêter aucune
attention à leurs subits changements d'idées, de les aimer dans
toute l'acception du mot et de leur éviter la tourmente autant qu'ils en ont le moyen.

Aussi contrariante que puisse être cette conséquence, il
en est par contre d'autres avantageuses : gardant notre influence, les médiums peuvent absorber nos pensées et gran-

(1) Médiumnités de l'âme.

dir leurs facultés naturelles de la parole ou de l'entretien écrit. Surtout ceux inspirés, intuitifs et à incarnations acquièrent un vocabulaire plus vaste, une narration plus nette et plus aisée, à la suite des dictées de l'au-delà. De même, les médiums écrivains mécaniques ou semi-mécaniques n'ayant aucune notion d'écriture apprendront, à l'aide des courants d'habitude et médiumniques que nous provoquons en eux, à se traduire par ce moyen.

En outre, les médiumnités développent les rayonnements, les rendent plus amples et plus sensibles.

Quant à l'obsession, les médiums n'ont pas, quoique l'on dise, plus de dispositions à lui être livrés. L'obsession est une épreuve, une souffrance, et si certains médiums en sont victimes, ils l'ont indubitablement voulu par leurs fautes car personne ici bas ne souffre sans motif.

....

Un dernier conseil en terminant l'étude des médiumnités.

Lorsque vous vous demandez lequel des membres d'un groupe serait plus puissant médium, cherchez celui qui aime la Nature, qui aime Dieu et se dévoue volontiers pour ses frères ; celui qui sent vibrer son âme sous l'impulsion de la pitié, à la vue des misères humaines : votre choix sera juste. Une âme ainsi détachée de l'égoïsme du Terre-à-Terre comprend et peut mieux vous peindre la Grandeur de Dieu et ce que nous lui disons de la Sublimité de la Création ! Au revoir !

MEUDON.

LES SIDERIENS
à leurs Frères d'ici-bas

Frère,

Si ton intelligence a été quelque peu impressionnée pas nos révélations et qu'un doute, si faible puisse-t-il être, t'inspire que le vrai repose en tout ce que nous t'avons dit, ne reste pas en cet état imprécis et sceptique ; pousse plus avant tes recherches et tu trouveras... Oui, tu trouveras comme chacun de tes frères qui avec patience et sans préjugés t'ont précédé dans la voie. Si Dieu permet que nous parvenions jusqu'à toi, c'est que précisément l'heure sonne où tu dois penser plus haut que la matière et appeler vers toi avec joie, et non plus avec crainte et défiance, ceux qui t'ont quitté pour une autre vie et que tu pleures.

Souviens-toi toujours que Jésus est venu te montrer ce que tu pouvais faire et non te demander l'idolatrie et la louange. A toi donc de grandir ton avenir, ton progrès et ton amour envers tous ; appelle tes défunts dans la défaillance : ils te rendront plus forts. Appelle-nous aussi si tu veux t'aider à savoir : l'au-delà porte l'étincelle de la vérité à quiconque la cherche !

*
* *

Fuis l'éloge et la gloire. Ce sont elles qui créent l'orgueil, cette ruine des peuples !

*
* *

Fais-toi petit : ce n'est qu'ainsi que tu deviendras grand !

*
* *

Combattre le mal et souffrir pour le bien, telle est la réelle vie de l'homme.

*
* *

Ton œuvre est nulle lorsque tu cherches à convaincre celui qui, dédaigneusement, veut ne pas te comprendre.

*
* *

Pour parler, cherche celui qui est digne de t'écouter.

.

N'aborde nos manifestations qu'avec tact et certitude. Fuis pour cela les milieux mauvais ou frivoles.

.

Si tu n'es toi-même médium, étudie profondément celui à qui tu dois avoir recours car les imitateurs seront toujours.

.

Sois patient : protège et aime les médiums sincères.

.

Il ne faut pas seulement lire ce que nous écrivons. Il faut encore approfondir pour ne pas comprendre l'opposé de nos paroles.

.

Pour comprendre, fais-toi l'image de ce que tu lis et de ce que tu entends.

.

Aime et sois bon afin que le Foyer Suprême t'attire au loin d'ici bas, au delà des limites terriennes, sur un monde meilleur.

.

L'Invisible et l'Impalpable seront ta richesse de demain.

.

L'âme, en s'allégeant, allège son corps. Aussi, tu vivras un jour où l'âme, par ses fluides moins lourds et plus harmonisés aux Espaces, fera glisser, sans qu'il sombre, son corps sur les flots.

.

La réelle opulence d'ici bas est une pauvreté.

.

Ce n'est qu'en formant un seul peuple, une unique religion, et une même pensée : « la fraternité, l'amour et le bien » que ton humanité abolira ses souffrances et que la Terre éteindra ses feux torturants.

**

Ta douleur est l'image de ton œuvre.

**

Pleurer les morts, c'est : ou ne pas avoir foi en l'infinité d'amour du Créateur, ou regretter leur bonheur, la délivrance de leurs maux.

**

Combats l'oppresseur de l'humble qui fait le bien.

**

Le corps passe et l'âme reste ; seule celle-ci peut se dire « Jadis ».

**

Tout ce que tu sens, ce que tu vois et ce que tu apprécies est une partie de toi-même, et toi, tu es un atome de la création.

**

Ne sois indifférent à rien et ne t'étonne jamais d'une manifestation quelconque de la Nature.

**

Sois sourd aux calomnies ; va plus haut que cette bassesse.

**

Interroge ta raison pour agir ; si elle ne t'inspire le bonheur matériel, elle te donnera la vraie joie de l'âme, celle de faire le bien.

**

Ne crains pas la moquerie qui éclate quand tu agis pour l'amour de tes frères et pour leur élévation !

**

Mieux vaut la calomnie et l'outrage aveugle d'autrui qu'un remords, une vilenie en ton âme.

**

La volonté est tout, le désespoir n'est rien, et si tu veux être fort, tu peux vaincre tous les obstacles de ta vie.

**

N'écoute jamais les voix odieuses de la haine et de la jalousie. Tolère et toujours sois indulgent.

**

Aime surtout l'âme, car le corps n'est qu'un instrument, un interprète, et tout ce qui vient de lui n'est comme lui qu'éphémère.

**

En tout, cherche ta voie et écoute les intuitions de ta conscience pour que dorénavant tu ne passes plus sur ce monde que pour faire le bien, la charité, — et semer l'amour, la lumière chez les âmes encore obscures.

Prépare ton bonheur en faisant celui de tes frères. Donne la force aux faibles et rends la santé aux malades en les aidant à détruire en eux les passions et les vices. Ainsi ton âme deviendra plus légère et, lorsqu'elle aura abandonné son corps détruit sous un sol recouvert de couronnes et de fleurs et qu'elle sera venue renaître parmi nous, elle partagera la joie sublime de notre monde plus éthéré.

Dans l'attente de cet heureux jour, sois donc compatissant, charitable et courageux dans la tâche. Quant à nous, nous ne pouvons que souhaiter qu'il soit proche, ce jour, et c'est dans cet espoir que nous te disons : « A bientôt ». — Que Dieu te protège !

LES ESPRITS AUTEURS DE CE LIVRE.

Pour tous renseignements, s'adresser à M. Morel, rue de Férin (ancien chemin d'En Haut) à Douai. (Nord).

TABLE DES MATIÈRES

Pages

Comment et pourquoi je devins spirite 5
(Avertissement du médium).

Avis 12

Encouragement au livre 13
Avertissement 15

LIVRE PREMIER

Première partie

TRANSFORMISME ÉVOLUTIF DE LA TERRE ET DE SES HABITANTS

Le fluide universel 17
Le fluide éther (Image de l'Infini) 18
Le fluide astral 20
La comète 22

A propos des séances de matérialisation. — La Foudre. — La comète.

La Formation d'un monde 24
Les mondes dans l'Infini 27
L'origine de la Terre 29
La Formation des âmes 32

L'ÉVOLUTION DE L'AME PRIMORDIALE ET GÉNÉRALISÉE

Attraction solaire 36
La végétalisation de l'âme minérale 39
Le déluge prémoteur 43
L'animalisation progressive de l'âme 47

Pages

L'évolution animale 49
Pourquoi est-il certain que la Terre fut un monde meil-
    leur 52
Evoluâmes-nous vraiment du minéral à l'homme ? 55

LES TEMPS DILUVIENS

Le déluge premier et la métamorphose matérielle 58
Le deuxième déluge et son évolution 59
Le troisième déluge et son influence évolutive 63
Le quatrième et dernier déluge 64

APRÈS LES DÉLUGES

Les chutes matérielles apparentes 66
L'arche de Noé ? 69
Les phénomènes sismiques 70
Les influences planétaires 73
Les systèmes obscurs ou la mort des mondes 78

Seconde partie

DIEU

COMMENT NOUS DEVONS COMPRENDRE DIEU, SES ŒUVRES
ET SON INFINITÉ

Qu'est-ce que Dieu ? 83
Dieu est immatériel 85
Dieu est-il partout ? 87
De la prière 90
Faites charité ! 94
Soyez patients dans l'épreuve. — Le péché originel ... 96
La Foi d'Amour 101

LES FAUX ATTRIBUTS DE DIEU

L'Enfer 103
La confession 104
La résurrection et le jugement dernier 107
Ayez foi et courage 111
Le surnaturel n'existe pas dans l'œuvre de Dieu 112
Humain, crois en Dieu 115

Troisième partie

LE CORPS HUMAIN

SES FORCES INCONNUES ET LES MÉCANISMES DE LA SOUFFRANCE

Première série

LA VIE ET L'ANIMISME DU CORPS

L'organisme humain 119
L'Incarnation et la Naissance 122
Les influences de la vie 126

*La Sympathie maternelle. — La voix du sang. —
La Force de la Sympathie. — L'épreuve.*

Les influences de la vie (suite) 130

La conscience

LE TRANSFORMISME DU CORPS

La condensation et la désagrégation 133
Les incarnations atomiques 135
Les influences de la vie (suite et fin) 137
La mort — La désincarnation 139
Le sommeil 141
Que devient le corps après la mort ? 143

Deuxième Série

LES FORCES ET LES ÉNERGIES DU CORPS

La Force périspritale 145
La Force périspritale (suite) 147
La Force périspritale (suite) 148
Sur le Magnétisme et l'hypnotisme 150
La Force de l'imagination 153
La Force de l'Imagination (suite) 155

*L'habitude — L'auto-suggestion — La suggestion
expérimentale — La suggestion naturelle*

La Force de l'Imagination (suite) 158
Nota 160
L'attraction générale 161

Pages

Troisième série

LES MALADIES OU LES RÉVOLUTIONS DU
CORPS HUMAIN

Formation des maladies — Origine de leurs symptô-
mes 163
Les conséquences de la maladie 165
La médiumnité guérissante 166

LIVRE DEUXIÈME

L'AU-DELA

Première série

SA VIE ET SES COUTUMES

Tous égaux 169
Notre langage 170
L'homme et les animaux 171
Les suicidés 172
Comment on se retrouve dans l'au-delà 174

Deuxième Série

LES RAPPORTS ENTRE L'AU-DELA ET LE MONDE INCARNÉ

L'obsession 176
L'obsession d'amour 177
Le hasard et la fatalité 178
Notre tâche 180

LES MÉCANISMES DES MÉDIUMNITÉS

Les médiumnités de l'âme 182
Les médiumnités semi-mécaniques 184
Les médiumnités mécaniques 185
Les conséquences des médiumnités 186

LES SIDÉRIENS A LEURS FRÈRES D'ICI BAS 189

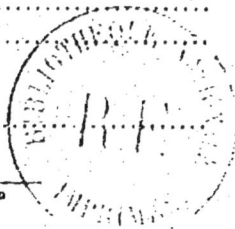

Douai. — Imprimerie Oréalis

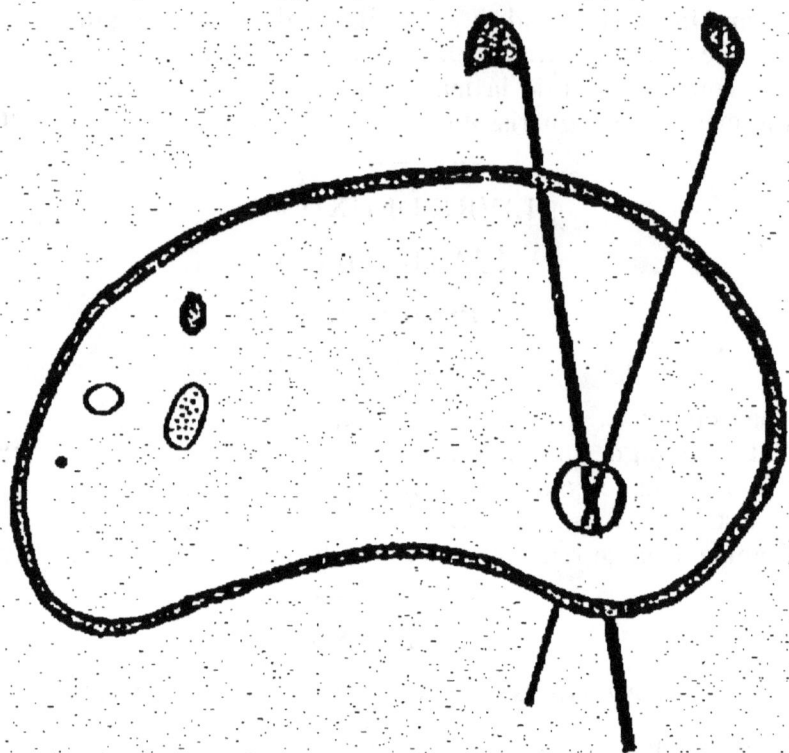

ORIGINAL EN COULEUR
NF Z 43-120-8

www.ingramcontent.com/pod-product-compliance
Lightning Source LLC
Chambersburg PA
CBHW070634100426
42744CB00006B/683